काव्यांजलि किरण

काव्यांजलि किरण

जगराम सिंह

GenNext Publication

काव्यांजलि किरण

ISBN: 978-93-5324-178-0

भारत सन् 2019 में प्रकाशित

जेन्नेकस्ट पब्लिकेशन

5, अंसारी रोड, दरियागंज,

नई दिल्ली-110002

Phone : 9811692060

ई-मेल: gennextpublication@hotmail.com

मुद्रित: जी. प्रिंट प्रोसेस, दिल्ली

प्रशस्ति

'काव्यांजलि किरण' श्री जगराम सिंह की अमूल्य कृति है। जो मात्रिक छन्द में रचित है इस काव्य संग्रह में राष्ट्र का समग्र चिन्तन, समाज का समग्र चिन्तन एवं व्यक्ति की तत्वनिष्ठा का विशद विश्लेषण किया गया है।

जिस तरह की कविताओं की समाज और राष्ट्र को आज आवश्यकता है वैसी ही कविताएँ जगराम जी के इस संकलन में दिखाई देती हैं। उनकी विद्वता, जागरूकता और साहित्य के प्रति निष्ठा निश्चित ही अनुकरणीय है। मैं 'काव्यांजलि किरण' के लिए जगराम जी को और पुस्तक के प्रकाशक को अपनी शुभकामनाएँ देता हूँ और आशा करता हूँ कि वे इसी तरह अपनी लेखनी से साहित्य को समृद्ध करते रहेंगे।

पद्मश्री डॉ. सुनील जोगी

उपक्षेप

'काव्यांजलि किरण'

भारतीय धर्म, सभ्यता, संस्कृति की त्रिवेणी के सनातन प्रवाह से जिनके अंतर्मन की कोमल भावभूमि निरंतर सिंचित होती है ऐसे संघ के स्वयंसेवक श्री जगराम जी का कवि रूप में लोक परिचय एक सुखद घटना है। पद्मभूषण श्री गोपालदास नीरज जी के अनुसार-

आत्मा के सौंदर्य का, शब्दरूप है काव्य।
मानव होना भाग्य है, कवि होना सौभाग्य।।

"इस धरा पर समस्त मानव सभ्यता की धारा में साहित्य, कला, संस्कृति मानव द्वारा रचित भावनात्मक, विचारात्मक, क्रियात्मक एवम रचनात्मक वह अभिव्यक्ति है जो न केवल सृष्टि का श्रृंगार करती है अपितु उसे देख एवम अनुभव कर आनंदित होने की दृष्टि भी प्रदान करती है"

इस आनंद में काव्यानंद को श्रेष्ठतम माना जाता है!

जगराम जी के पूर्व के संकलन 'काव्यांजलि भोर' एवं 'काव्यांजलि उदय' काव्य रचनाधर्मिता के श्रेष्ठ उदाहरण हैं। इसी क्रम में नया संकलन 'काव्यांजलि किरण' एक श्रेष्ठ कृति के रूप में दिखाई देता है! क्रमिक रूप में यदि देखा जाए तो 'काव्यांजलि उदय' के उपरान्त 'काव्यांजलि किरण' का सृजन इसी प्रकार समझा जा सकता है जिस प्रकार सूर्योदय होने पर किरणें समस्त प्रकृति, चराचर को आलोकित करने को आतुर अठखेलियाँ कर रहीं हों ! मात्रिक छंद में रचित इस संकलन में राष्ट्र का समग्र चिंतन, व्यक्ति की तत्व निष्ठा का विस्तृत विश्लेषण आदि विषयों एवं भावों को सहज रूप में समाहित किया गया है। काव्य-किरण यानि काव्य-रश्मियाँ हमारे मन एवं मानव जीवन को आलोकित करेंगी ऐसी अपेक्षा एवं शुभकामना के साथ!

गजेन्द्र सोलंकी
(कवि)

विषय-सूची

1. भारतवन्दना... 1
2. देश की पुकार... 2
3. आराधना... 5
4. अभिलाषा... 8
5. बलिदान... 9
6. पुकार... 11
7. कृतज्ञता... 13
8. सपूत... 14
9. संकल्प... 16
10. रावी के उस पार... 19
11. जागरण की बेला... 20
12. जीवन का निर्माण... 22
13. भारत देश नहीं होता तो... 23
14. सनातन राष्ट्र की जय हो 24
15. आत्महवन की बलिवेदी पर... 25
16. गुरू गोविन्द सिंह का औरंगजेब को पत्र... 27
17. मिर्जा राजा जयसिंह को छत्रपति शिवाजी का पत्र... 30
18. महाराणा फतेहसिंह को केसरी सिंह बारहठ का पत्र... 34
19. सीता को बस राम चाहिए... 37
20. भारत टुकड़ा नहीं भूमि का... 38
21. सोने की चिड़िया... 39
22. सैनिक वीर महान... 41
23. तापहारिणी तुलसी... 45
24. चंदन धूल भारत की... 47
25. गर्वोन्नत धवल हिमगिरि... 49
26. धर्मयुद्ध आरम्भ करो... 52
27. अब श्वांस न और प्रतीक्षा को... 56
28. समर की मेदिनी... 58
29. धो पाता यदि राजनीति के.... 58

30. पृथ्वी हो साम्राज्य नेह का... 59
31. शोणित कभी–कभी पीती है... 59
32. सबसे बड़ा धर्म है नर का... 60
33. हृदय सागर मथित होकर... 60
34. कंचन को नर साध्य नहीं... 61
35. सांझ हुई उड़ चले विहग सब... 62
36. जिसका मन ऊँचा होगा... 63
37. एक चिंगारी कहीं जागी... 64
38. जब तक है नर के नयनों में... 65
39. संभ्रम के झंझावातों में... 66
40. बुद्धि शासिका थी जीवन की... 67
41. अपने वीर चरित पर तो मैं... 68
42. जब तक भारती स्वतंत्र न होगी... 69
43. युद्ध ही अब शेष आशा... 70
44. रवि का आगमन ही... 71
45. कायरों की बात कर 72
46. विनय की नीति कायर की 73
47. जमा पायी सत्ता के उर पर 74
48. प्रतिहिंसा का दीप भयानक 75
49. दिनकर का साम्राज्य तभी तक 76
50. जब तक मां का मान सुरक्षित 77
51. पूज्य मां के अपमान का बदला चुकाऊँगा 78
52. जिस दिन समर की अग्नि 79
53. नर्क उनके लिए जो पाप को स्वीकारते हैं 80
54. कोई नहीं मिटा सकता है 81
55. भारत ही सारी वसुधा को 82
56. चलता पथिक सदा गर्व से 83
57. पग बढ़ाते ही सभी कुछ छीन लूंगा 84
58. जब तक स्वयं खड़े होंगे न 85
59. सर्वनाश का नहीं यज्ञ हो आत्मसात का 86
60. शत्रु अब जीवित न जायेगा यहां से 87
61. पर हाय यहां भी धधक रहा अंबर है 88

62.	पुरुष विक्रमी कौन? दूसरा	89
63.	आनन सरल वचन मधुमय है	90
64.	भाग्य सूर्य उदित ही रहता	91
65.	कालचक्र को वही बदलता	92
66.	क्षात्र तेज और ब्रह्म तेज का	93
67.	क्यों कह रहे हो युद्ध करने को जनार्दन	94
68.	यदि परशु फिर से उठा	95
69.	युद्ध को पहचानते सब लोग हैं	96
70.	चल दिये क्यों छोड़ मग में	97
71.	जीवन का संदेश यही	98
72.	श्वास रहते शत्रु प्रवेश असंभव	99
73.	प्रतिशोध की आग को अब कैसे? बुझाऊँ	100
74.	वह लोक जहां शोणित का ताप नहीं	101
75.	पाषाण भी जब प्रकट होगा नरसिंह बनकर	102
76.	कोटिक यज्ञों का प्रतिफल	103
77.	स्वर्ग का आनंद हारा	104
78.	सुमनों सी छवि	105
79.	जाने कैसे दिन कट जाता	106
80.	और न कोई चाह शेष अब	107
81.	अब तो भटके को	108
82.	अंततः वैशाली मिल ही गई	109
83.	अब सपने सब पूर्ण हो गये	110
84.	शेष न किंचित जीने की इच्छा	111
85.	गंगा स्वयं द्वार आ गई	112
86.	अब तो मुक्ति पा सकूँगा	113
87.	नव उपहार के सहारे	114
88.	अब तो पास न शेष रखूँगा	115
89.	जीवन की सर्वस्व भेंट	116
90.	हर श्वास में समा गये हैं	117
91.	इन्हें कैसे दे सकूँगा	118
92.	मांग लो सर्वस्व अपितु	119
93.	इनके बिना तो एक पल	120

94. दबी हुई चिनगारी 121
95. इनके बदले में सब 122
96. कलंक न लगने पाये 123
97. निश्चित हो आरम्भ 124
98. काल से भी न डरूंगा 125
99. ये खंडहर स्वयं ही 126
100. पुनर्ग्रहण न लगने दूंगा 127
101. निर्दोषी को सिंहासन 128
102. पर नारी को भी 129
103. समय मूल्य जो न 130
104. रवि के सन्मुख दीपक के 131
105. सजल वसंत के मधु झोंके से 132
106. दो छोरों का मिलन 133
107. सहसा घिर आई बदली 134
108. अहंकार का शीश झुक गया 135
109. काल जिसने बांधा 136
110. भोर चाह अधूरी रह गयी 137
111. सब बना बनाया खेल क्षण में 139
112. भाग्य में मरना लिखा है 140
113. असमय दिनकर डूब गया 141
114. वचन पालन सच्ची पूजा 142
115. कल तक कंचन का सिंहासन 143
116. सिंहासन के बदले 144
117. भाग्य से अधिक 145
118. यदि हृदय हो शुद्ध 146
119. यदि हो अटल विश्वास 147
120. शीश पर हो आत्मीयता का हस्त 148
121. वंचितों को कण्ठ हार 149
122. जीवन यज्ञ के प्रतिफल के लिए 150
123. सबको खिलाकर 152
124. जीवन के कंटक प्रमाण में 153
125. सबके लिए सुधा की 155
126. परिजनों को मोक्ष 156

भारतवन्दना...

मनभावन भारत माता अपरिमित बल विक्रम दे।।
ताज हिम का भाल राजे, शिख सी उन्नत तान दे।
गर्व की छवि गगन विराजे, स्वर्ग का विमुक्त गान दे।।
कंठ नदियन माल साजे, सतत पुलकित राग दे।
मणिमय धवल गंग छाजे, मलय पुंज पराग दे।।
नित वसंत उर में फुदकता, नन्दनीय हुलास दे।
रम्यता का राग गूंजता, हरीतिमा सुवास दे।।
कटि में फेंटी विहंग शोभे, अचल सी सुदृढ़ता दे।
भुवन नग श्रंखला लोभे, अविजित सुबलिष्ठता दे।।
नूपुर ध्वनित समुद्र तरंगें, अटल भक्ति का भाव दे।
झंकृत करती नख शिख अंगे, हिय में प्रीति चाव दे।।
मानवता की साक्ष्य मूर्ति, सिंह सी ललकार दे।
जगत बन्धुत्व की पूर्ति, हित अक्षुण्य भंडार दे।।
वीर प्रसवनी मातृभूमि, अदम्य वल हृदय भर दे।
सुषुप्त बीज उगा उर भूमि, विहान को दिन कर दे।।
शांतिदायिनीवत्सला मां, स्वाभिमानयुत भक्ति दे।
रत्नगर्भा शुभदायिनी मां, अक्षुण्य''जग'राम'' शक्ति दे।।

देश की पुकार...

जागो भूतल के सुषुप्त ज्वाल।।
स्मृति कर तनि मुगलों वाले।
छद्मवेशी गौर तन वाले।।
जर्जर कर ग्रीष्म कृश सरिता सा।
नग्न कर पतझड़ के कानन सा।।
नचाया था रति सा हट्ट थाल।।

धर्म नीति संस्कृति वेद विधान।
को पौढ़ा शीत निस्तब्ध श्मसान।।
खंडित कर अक्षुण्य आदर्श विरासत,।
अरुणि पर लेपी अमा दूषित।।
सिसकाया कस निज निर्मम जाल।।

नवनिधियां लूटकर खोखला।
कर निस्प्राण अचेत मृत उपला।।
सुखद उन्नत शिखा कर महागर्त।
खींचतान दबाया अधोपर्त।।
पग पग पर झेली असह्य ढाल।।

लापरवाही आपसी फूट।
के कारण लुटा स्वर्णिम त्रिकूट।।
गलियों का लाचार भिक्षुक कर।
भटकाया दानों हित पर दर।।
सुरभित तन थोपी विटप छाल।।

बीते दिन घुट घुट कर काटे।
जीवन के पल तम से पाटे।।
द्रौपदी देवकी बना बना।
अपमानित किया बिच वृन्द घना।
गल मेला अपमान कंकाल।।

पहले जैसे मत बने रहो।
आलस्य के वितान तले अहो।।
क्या क्या देखने पड़े थे दिन।
इसकी छत्र साया तले किरन।।
अलि! बन न चूमो आलस्य गाल।।

अब वही पूर्ण वाला सपना।
लगता है उसका फिर आना।।
कपटी ठग सा कर मन मैला।
स्वार्थ लिप्सा का कर ले थैला।।
मकड़ी सा कर ले अगम जाल।।

हाट व्यापार बहाना मात्र
विष कुंभ पयोमुखं से पात्र।।
पराधीन हरि से घाती मित्र
छद्मवेशी वक तापस से चित्र।।
व्याघ्र सी निर्मम चाहे सम्हाल।।

दूर देश से तितली से पर।
रंगीले परिधान गात धर।।
चित्राकर्षक मोहनी विधु प्रभा।
वसंत सी मदमाती आभा।।
आये चापलूस वणिक ब्याल।।

विदेशी छद्मी कपटी रावण।
सिय ग्रह आये बन मनभावन।।
स्वर्णिम मृगों की मृगछाला ले।
गुलामी की लौह माला ले।।
पग तले रौंदे नगेश भाल।।

इन बधिकों के जमें पैर।
अटल अस्मिता की न रहे खैर।।
दर दर का कर दीन भिखारी।
निपट निराश्रित निवल दुखारी।।
ये हड़पे सब धन धान्य माल।।

हे तात! करो न पलक अबार।
सो मत आलस्य ग्रह पग पसार।।
अब तो प्राची से दिनकर भी।
अरुणिम के सारे अनुचर भी।।
विचरें उर डाल जागृति माल।।

प्रलयंकारी अंगड़ाई भर।
झट पट लांघ भ्रमित तिमिर प्रहर।
भूधरं सी कर बज्र भीमकाय।
अहि से ले कालजयी उपाय।।
उधरे पट ले अनल भूचाल।।

झंझा से जल थल मचल मचल।
जलधि ज्वार से नभ उछल उछल।।
तरुण भानु की तप्त किरणों से।
शेषनाग के सहस्र फणों से।।
बन दलों ''जग'राम'' काल गाल।।

आराधना...

हम करें राष्ट्र आराधन।।
अथाह अक्षुण्य नवनिधि उदर।।
रतन पीयूषी पयमय पुर।।
मानस मानस सरिस धवल।
गात इन्दु विभा सी विमल।।
कान्ति अजर प्रसूनानन।।
आलोकित जगमग जगतल।
कृतज्ञ जनु अवनि पावस जल।।
गूंथकर 'कर' बंधुत्व डोर।
तम को थमा आदित्य भोर।।
शाश्वत आर्य समग्र चिंतन।।
साहित्य दर्शन कला विज्ञान।
अध्यात्म ज्ञान की मुक्त तान।।
मानवता की सजल घटा।
ऐक्य मंत्र की अजर छटा।
से भरा धरा का आंगन।।
सहिष्णु धैर्य शौर्य अपरिमित।
क्रान्ति शान्ति उत्थान स्रावित।।
स्वाभिमान गगनाकांक्षी।
पांडित्य चरित्र बस पेक्षी।
की लय सना भ्रमित यौवन।।
जग के हर चौराहों को।
अज्ञान तम सी बाहों को।।
ज्ञानदीप की ज्योति पुंज।
नंदन तुल्य सतत हरित कुंज।।
दे ज्योतित किया तिमिर घन।।

शिशिर मृत बिछौनों पर।
ग्रीष्म के तपित कोनो पर।।
सर के विदीर्ण वक्षस्थल पर।
तरुण पतंग से अरिदल पर।।
बरसाया पयमय सावन।।

ऐसी यह भू मात्र नहीं।
है जननी यह स्नेह यही।।
अगणितों ने इस संरक्षणार्थ।
सुतों में से अजेय पार्थ।।
से पुत्रों ने किया बलि तन।।

मधु युत मृदुल ममत्व दाया।
से माता का पद पाया।।
तृण तृण को उदर मध्य पाल।
नव कुसुमित गल माल डाल।।
गर्वोन्नत किया सरिस गगन।।

तापस सतियों, वीरों को।।
कालजयी रणधीरों को।
राम, कृष्ण से धर्म स्तम्भों को।
शिव, राणा से अचम्भों को।।
इसने ही जना हो मगन।।

अक्षुण्य ताल रसनिधि भक्ति।
षटऋतु–चतुर्दिक अष्टसिद्धिशक्ति।।
चतुर्तत्व काम मोक्ष अर्थ धर्म।
संस्कृति के सकल आर्य मर्म।।
को संजोया उदर नंदन।।

यह धर्म–कर्म और पितृ भूमि।
सत–रज–तम की उदधि भूमि।।
दयादान की शुचि सुरसरि।
पुण्य रज है पग विधि हर हरि।।
पुनीत धूल भाल चंदन।।

यह धरा नहीं पतंगों की।
है साधकों उमंगों की।।
वीरों की है बलिवेदी।
भक्तों की है भाल बेंदी।।
इसे सुरों ने किया नमन।।

ऐसी यह मातृवत अवनि।
विकल अनाथिनी सी जननि।।
विपदाओं की ढेरी में।
दुख की निशा घनेरी में।।
करें आज अनवरत रुदन।।

उठ तज उर तम अलस गहन।
जागृति का हिय हार पहन।।
मन–बच–कर्म संकल्पों से।
निश्छल साधना विकल्पों से।।
करें साष्टांग अभिवादन।।

यश अतीत भावी सपने।
पीड़ा जनु हिय घर अपनें।।
प्रतिमा मां की धर चक्षु उर।
अरिरक्त से सींच तृष्णा उर।।
सेवा में बलि प्राणार्पण।।

अविरत श्रम सीकर जल से।
सांस्कृतिक धरोहर बल से।।
गुरु–गौरव पद बैठाया।
जगती की जननि बनाया।।
तात! भेंट निज तन मन धन।।

मुक्त कंठ श्रद्धा गानों से।
हृदय की हर धड़कनों से।।
अभय वचन जगत जननि का।।
जनुग्रीष्म को मध्य तरनि का।।
सतत "जगराम" राष्ट्र वंदन।।

अभिलाषा...

चाह नहीं है सुमन सेज की, शैय्या को पाकर सोऊं।
चाह नहीं है नटि रसना की, चाही ललकों में खोऊं।।१।।
चाह नहीं है सुमधुर लय की, तान तरंगों में झूलूं।
चाह नहीं है मद मत वाले, मन की क्षुधित तृष्णा छू लूं।।२।।
चाह नहीं है नंदन वन की, उत्फुल्ल बहारों में घूमूं।
कुसुमित पल्लवित मधुपल्लवों की, लहराती मधु गति चूमूं।।३।।
चाह नहीं है गौर श्याम मय, सुघड़ सलोना तन पाऊं।
चाह नहीं है उत्कंठाओं की, बाहों में विंध इठलाऊं।।४।।
चाह नहीं है यश की पयमय, जलधि तरंगों में तैरूं।
चाह नहीं है स्वर्गिक समृद्धि की, तरनी पर चढ़ मुस्काऊं।।५।।
चाह नहीं मन पुनर्जन्म की, जिससे रति सत पी गाउं।।
चाह नहीं है त्रिविध शांति की, उन्मादी सुख निद्रा सोऊं।।६।।
चाह नहीं है परम मोक्ष की, पीयूषी औषधि खाऊँ।
चाह नहीं है नव ऊषा की, रसमय गोदी में खेलूँ।।७।।
हे ईश! अभययुत अमिट हार, दो जिसे उर पलक डालूं।
दो त्याग समपर्ण राष्ट्रभक्ति का, बीज जिसको उदर पालूं।।८।।
दो अजेय शक्ति सत, ज्ञान शील, जिससे हो मन शांत सरस।
दो स्वाभिमान का अक्षुण्य दान, जिससे न डिगे मन पावस।।९।।
दो ऐसी प्रबल ललक मन में, जिससे न हो विस्मृति व्रत से।
दो ऐसी प्रबल जगराम शक्ति, जिससे न हों विमुख पंथ से।।१०।।

बलिदान...

शहीदों का यह बगीचा,
राणा ने इस को सींचा,
नंदन किया निज प्रण से, जो आज पुष्प से लदा है।।
पुण्य मेवाड़ मही माता,
सत्य–वीरों की जन्मदाता,
शहीदों से जिसका आंगन, निशि गगन सा हिला है।।
अविचल कर्तव्य ध्येय वाला,
मेवाड़ी मां ने पाला,
निज सुगनांक में सुलाकर, जिसको बड़ा किया है।
गौरव सदृश स्वाभिमानी,
उत्कंठा जनु आसमानी,
अक्षय दीप की बाती बनकर जो जन्मभर जिया है।।
ललकारा जब शत्रुओं ने,
उकसाया जब पछुओं ने,
निज ऐश्वर्य विलास त्यागकर क्षणसमर को चला है।।
चेतक की कपाट बैठा,
कर में बज्र भाला ऐंठा,
मृत्यु नृप यमराज सी झलक सा जो अरि को दिखा है।।
प्राणों को ले स्वहथेली,
चहुंदिशि ें सेना फैली,
हुंकार के आलापों से शशि सा मलिन हुआ है।।
जनुदीप पतंग के सन्मुख,
तनु राणा अरिदल के मुख,
अटल अडिग प्रतिज्ञ राणा पल असहाय सा घिरा है।।
सारथी के प्रार्थना पर,
चेतक की संवेदना पर,
झट विमुख को समरस्थल से कानन में जो छिपा है।
निज कुल जन समेत वन–वन,

जब तक रहा उन्मुत्त जीवन,
काटों के तीक्ष्ण शिखरों पर, निर्भय हो जो चला है।।
आहार हरित तृण रोटी,
शैय्या उन्मत्त शूल चोटी,
निजतन असहनीय कष्ट सहकर जो पुष्प सा खिला है।।
वैभव की मृदु अजर प्राप्ति,
दृगों की अपलक दिव्य ज्योति,
स्वाभिमान से आह्लादित हो सर्वस्व अर्पण किया है।।
हर अविरल बिन्दुरक्त के भी,
हर प्राण आहार से भी,
जिसने निज उर धड़कन से सेवा का व्रत रखा है।।
ढेर सदृश दुख असहनीय,
पगपथ अतिदुर्गम दयनीय,
कवल–कवल को तरस कर झरनें सदृश जो झरा है।।
स्वातंत्र्य का शुचि पुजारी,
सीमा का सचेत प्रहरी,
पावन जन्मभूमि के लिए जो आजन्म तलक लड़ा है।।
राणा का त्याग निरख कर,
पौरुष की बांह थाम कर,
दिनकर तिमिर ओट लेकर, गोदी मे जा छिपा है।।
मधु स्वातंत्र्य रसास्वादन,
मातृभूमि हितार्थ समर्पण,
तन मन की आहुति देकर, जीवित ही जो जला है।।
मृदु प्रासाद से विपिन तक,
नवजन्म से नश्वर मरण तक,
बाती सा तन जलाकर मौत को जो प्रिय हुआ है।।
विस्मृति न अगर हल्दीघाटी,
समर्पण की दृढ़ परिपाटी,
निज प्राणों से अधिक मानों "जगराम" ने कहा है।।

पुकार...

जागो आज वीरों विनय बार–बार है।
फिर से मातृभूमि पर शत्रु का प्रहार है।।
ऐक्य मंत्र के बिना सही सदा प्रताड़ना,
शक–कुषाण–हूण–बर्बरों की सह्य यातना,
शीश रही मुगल फिरंगियों की कटार है।।

हार चौहान की द्वेष का परिणाम है,
राष्ट्र को दासत्व जयचंद का ही काम है,
जननि के सिर बैठा गोरी सरदार है।।

गुरुगोविन्द ने चढा दी भेंट लालों की,
असंख्य राष्ट्रभक्तों ने सह्य मार भालों की,
कोटि कोटि वीरों का अमिट उपकार है।

घास की रोटियां खाई स्वाभिमान से,
राष्ट्र के लिए जिए मरे अटल प्रमाण से,
राणा की बलि राष्ट्र भक्ति का आधार है।।

कंटकों की राह निडर जन्म भर जो चला,
स्वच्छन्द पालने में जन्म से ही जो पला,
शिवाजी का नाम मुक्ति मंत्र का सार है।।

लक्ष्मी, आजाद, बोस, भगत मिट गए सभी,
मृत्यु के हिय मिले हैं नाम से अमर अभी,
लक्ष राष्ट्र भक्तों का अद्वितीय पुष्प हार है।।

बन आलसी यदि सोते रहे पैर तान,
काल ले जाये तुझे खींचकर श्मसान,
पीछे पछिताना निकम्मों का विचार है।।

काट छांट रुण्ड—रुण्ड शत्रुओं के झुंड के,
मातृभूमि के चरण में भेंट भेंट मुंड के,
आज दुखियारी मातृभू की पुकार है।।

उठो! उखाड़ दो पलक शत्रु के वितान को,
तिमिर फाड़ कर करो, धवल आसमान को,
दैन्यता का छाया आज तम अपार है।।

जननि की लाज लूटते हैं घुसपैठिये,
धर्म संस्कृति का पेट फाड़ते हैं भेड़िये,
अखण्ड को खण्ड का दे रहे आकार हैं।।

विजय सूर्य पूर्व में आज उग आया है,
कोटि शत मोद की किरणें ले आया है,
हाथ में लिए ''जगराम'' आग की धार है।।

कृतज्ञता...

चल तात! मथुरा की कारा।।
केश पकड़ तेरी जननि के, कंस धरा उर डारा।
नूतन नवल नर्म नाड़ी से, कर में वज्र सहारा।।१।।
निशिदिन काटे गिन धड़कनें, उच्च असंख्य नभ तारा।
सप्त सुतों का दुख गिरिवर सा, तरत तरल युत गारा।।२।।
तेरे हित सुत सप्त लुटाये, सह्य तन बज्र प्रहारा।
सुरभित साया स्नेहिल सरित, स्तन मधुर पय धारा।।३।।
भले ही न दी हो जननि ने, बन कटु कर्कश आरा।
निर्मम निशीथ निरा निर्मोही, बन अंक से उतारा।।४।।
धन्य तात! तेरी गति मति की, विस्मृति नहि सुधियारा।
विमुख न निज कृतज्ञता पथ से, मन कृपा की धारा।।५।।
कभी न छवि लखी जननी की, तदपि स्मृति उजियारा।
सत्य सतत सुरसरि सदृश निर्मल, प्रादुर्भाव फुहारा।।६।।
बीज उपेक्षित अवनि गर्भ का, ले योग्य अवतारा।
काटे बंधन बाहर आकर, भानु हरे घनेरा।।७।।
आन भारति ने देवकी सा, आर्त नाद उच्चारा।
मन मोहन मुग्धा मुरली ले, लाओ मुक्त सवेरा।।८।।
शत वृश्चिक सायक संधानें, नख शिख झंकृत सारा।
तक्षक बन चहुंदिशि सीमा पर, फण उत्थित फुसिकारा।।६।।
स्वर्णिम काय श्याम रजनी सी, इंदु तन घन घेरा।
शशि की छवि पर जैसे भानु, आयुध बज्र प्रहारा।।१०।।
आदल बल सा अति उत्साही, ''जगराम'' पग टेक धरा।
पाश्चात्य विद्युत की चाल को, पौढ़ा श्मसान गिरा।।११।।

सपूत...

वही सपूत है जिसके रहते, मां का मान बढ़ा हो।
जिसके रहते जननी का उन्नत, भाल कभी न झुका हो।।१।।

जिसने अपने तप बल से भू पर, पावन स्वर्ग बनाया।
ज्ञान, विज्ञान, प्रेम से जग को, चिर सत्य मार्ग दिखलाया।।२।।

जिसने राम रूप में जग का, दूर किया अंधियारा।
शोषण अन्याय अत्याचार का, निर्भय हो शीश उतारा।।३।।

जिसने कृष्ण बन मानवता की, सभा में लाज बचाई।
ईर्ष्या–राग–द्वेष के घर में, प्रीति की ज्योति जलाई।।४।।

जिसने ज्ञानी शंकराचार्य बन, अंधविश्वास मिटाया।
मानव न पतितो भवेत मंत्र से, मिथ्या पाखण्ड भगाया।।५।।

जिसने नीतिज्ञ खारवेल बन, भेद की पाटी खाई।
समवृर्ति–समदृष्टि दीप शिखा से, नीति की राह दिखाई।।६।।

जिसने आचार्य चाणक्य बनकर, चंद्रगुप्त का सृजन किया।
कर्मशास्त्र के महामंत्र से, निराशा का संहार किया।।७।।

जिसने पराक्रमी चन्द्रगुप्त बन, गौरव का मस्तक चूमा।
यूनानियों का सर्वनाश कर, अवनी पर निर्भय घूमा।।८।।

जिसने अशोक बन ताण्डव कर, शोक भय का सिर फोड़ा।
उदयाचल से अस्ताचल तक का, दूर किया पथ रोड़ा।।९।।

जिसने दिग्विजयी यशोधर्मन बन अरि हूणों को रौंदा।
घोड़ों की निर्मम टापों से, अरि कुल को तृण सा खौंदा।।१०।।

जिसने अजेय समुद्रगुप्त बन, स्वर्ण विहान घर ले आया।
धर्म–नीति–पराक्रम से सोने की, चिड़िया भव्य बनाया।।११।।

जिसने दुर्जेय कृष्ण देव राय बन, जगती को चौंकाया।
राष्ट्रद्रोहियों को श्मसान सुला, रामराज्य घर लाया।।१२।।

जिसने प्रलयी विक्रमादित्य बन, शकों का नाम मिटाया।
रजनी की काली बदली में, पूर्णिम का इंदु उगाया।।१३।।

जिसने बप्पा रावल बनकर, अरब पठानों को काटा।
अरब देश तक दुश्मन की, लाशों से दलदल को पाटा।।१४।।

जिसने वीर प्रताप शिवा बन, अरि मुगलों को थर्राया।
मातृभू का तिमिर हटाने, पौरुष का सूर्य उगाया।।१५।।

जिसने गुरुगोविन्द सिंह बनकर, कभी न हाथ पसारे।
पुण्य सनातन धर्म राष्ट्र जाति हित, चारों सुत बलि हारे।।१६।।

जिसने रणजीत, छत्रसाल बन 'कर' तलवार उठाई।
मुगलों का सर्व संहार कर, शोणित की नदी बहाई।।१७।।

जिसने सुभाष, आजाद बन गोरों की नींद उड़ाई।
स्वतंत्रता की बलिवेदी पर, हंस हंस भेंट चढाई।।१८।।

जिसने आहुति की आशा बन, अपना सर्वस्व बलिहारा।
कर्तव्य पथ पर आगे बढ़कर, विमुख हो कभी न निहारा।।१६।।

जिसने निज ममता मोह त्याग कर, भिक्षुक बनना सीखा।
शूलों की शैय्या वाला, स्वीकारा सन्मार्ग अनोखा।।२०।।

जिसने अपने ह्रदय में ऐसा, दृढ़ संकल्प संजोया।
''जगराम'' वही माता का, सच्चा सपूत कहलाया।।२१।।

संकल्प...

सिंधु ! मुक्त करेगी तुझको, भरत सुतों की शोणित धारा।
शोक मिटाने को अर्पित नित, कोटि जन्म जीवन प्यारा।।१।।

निर्मल पुण्य पीयूष सलिल में, शाश्वत संस्कृति को अर्चन की।
निश्छल प्रवाह ने हिन्दुत्व के, सुमनों की अंजलि अर्पण की।।
ऋषियों ने वेद मंत्रों के बल–से भू पर स्वर्ग उतारा।।२।।

पावन चरणों के प्रसाद में, धर्म सनातन नित खेला।
वसुधैव कुटुंबकम् के रस, से चैतन्य जगत अलबेला।।
माताभूमि पुत्रोऽहम पृथिव्या का गुंजाया नारा।।३।।

विश्वात्मा के प्राणतत्व धर्म,–विज्ञान जीवन दर्शन के स्वर।
राष्ट्रीयत्व सरि का जीवन, विश्व यज्ञ में सर्वस्व–न्योछावर।।
एकात्म–अध्यात्म रश्मि से, जगत का दूर किया अंधियारा।।४।।

पुनीत धवल महिमा के सन्मुख, स्वर्ग के ऐश्वर्य लजाते।
नंदन गोदी की साया पाने, सर्वदेव ललचाते।।
अजेय दिवाकर परवशता में, दैन्य तिमिर की कारा।।५।।

स्वर्ग सदृश पुण्य भूमि पर, परिजनों ने ही आग लगाई।
ईर्ष्या लालच भेदभाव में, सहर्ष निज बांह गहाई।।
जिसको दूध पिलाया, हंस, हंस वह तक्षक बन घुस कारा।।६।।

यूनानी, शक, हूण पठान यहाँ, स्वर्ग समझ सब आये।
सम संगण में रण चण्डी का, कालरूप निरख लजाये।।
पौरुष के आगे जीवन की, भिक्षा हित हाथ पसारा।।७।।

स्वार्थ राग द्वेषों के मद में, सकल शोणित के प्यासे।
दानव बन कर भाई–भाई का, निर्भय शीश तराशे।।
शत्रु से अशोक वाटिका में ही, प्रलयी रूप संवारा।।८।।

क्रूर यवनों ने अल्लाह हो अकबर का शंखनाद कर।
दिनकर को घेरा श्याम घटा बन, दल–बल लेकर सत्वर।।
उत्मत्त क्रूर दानवता ने, मानवता पर वज्र प्रहारा।।९।।

आगजनी हत्याओं के, नंगेपन ने सबको लूटा।
दुश्मन का ताण्डव नृत्य देख, दाहिर का सबल टूटा।।
अहिंसा के विश्वासघात से, परवश जीवन स्वीकारा।।१०।।
माताओं, बहनों ने चिता में, जलकर लाज बचाई।
शोषित से लथपथ निर्दोषों, की घायल करुणा रोई।।
अशांत व्यथित इतिहास ने, करुगिम आर्तनाद उच्चारा।।११।।
पवित्र समाधियों में प्रतीक्षारत, पुण्य सतियों की आशा।
मुक्त ! वंदिनी यवन कारा से, उर यही एक अभिलाषा।।
अनाथ मृतात्माओं को निशिदिन धर्मपुत्रों का सहारा।।१२।।
धर्म के मानबिन्दुओं को, घोड़ों के टापों से रौंदा।
संतो-पुजारियों–धर्मज्ञों को, अपवित्र पैरों से खौंदा।।
निष्प्राण विचिना के आनन ने, पावस को सजल गुहारा।।१३।।
पंजाब, गांधार, सिंध में, अविरत शोणित की धार बही।
अधर्म अन्याय अत्याचारों से, थर–थर कांपी पुण्य मही।।
आहत जन–जन के जीवन में, विपदाओं का अंगारा।।१४।।
सत्य अहिंसा के भय से, मृगेन्द्रता समाधि में सोई।
धर्मनिरपेक्षता के हाथों में, निर्वस्त्र भारती रोई।।
भारत विभाजन की विभीषिका, ने निर्भय हो सहारा।।१५।।
तुष्टिकरण की मीठी नीति में, जन–जन को भिक्षु बनाया।
सीता की पवित्र अस्मिता को रावण की भेंट चढ़ाया।।
अंग्रेजों की द्यूत सभा में धर्मराज बन सब हारा।।१६।।
झूठे आश्वासनों से भोली संतति को बहकाया।
विश्वासघात कर मानवता का, चीरहरण करवाया।।
शोणित की सरिता में बहती, लाशों ने पुनर्निहारा।।१७।।
खंडित जननि के घावों पर, अखण्डता का लेप करो।
वंदनीया भारत मां के, सतंति समेत संताप हरो।।
आहत दीन निराश आशा ने, वीर सपूत पुकारा।।१८।।
ओम शांति को त्याग, ओम कांति का हंस कर वरण करो।
धर्म–संस्कृति राष्ट्र जाति के, मानस में अटल विश्वास भरो।।
रजनी की कारा में, ऊषा को रवि का ही किनारा।।१६।।

आत्मा अजर–अमर अविनाशी, मृत्यु का संशय मत पालो।
अखण्डता को सार्थक करने, चलो निर्भर हो मतवालों।।
संघे शक्ति कलियुगे के रूप, में सर्वेश्वर अवतारा।।२०।।
कालजयी दिव्यास्त्रों को ले, सीमाओं की ओर चलो।
हर हर महादेव का–व्रत ले, 'संकल्प' में भूचाल भरो।।
नेत्र तीसरा खोलो प्रलयंकर, ''जगराम'' ने धिक्कारा।।२१।।

रावी के उस पार...

रावी के उस पार चलो, अतीत ने ललकारा है।
सिसक कर जननी की, वेदना ने पुकारा है।।१।।

नद सिन्धु हड़प्पा की घाटी, सनातन संस्कृति की थाती।
ऋषियों मुनियों वीरों के, त्याग शौर्य तप की बाती।।
सतलुज सिन्धु झेलम रावी, की पय धारा मदमाती।
सिकंदर की पोरस सन्मुख, बौनी सकल विजयी हस्ती।।
बर्बर हूण शकों कुषाणों, को पल में संहारा है।।२।।

गांधारी की मातृभूमि, आज बनी अफगानिस्तान।
तना अरुणिमा के तन पर, घोर संकटों का वितान।।
वासंती के शुभ्र वदन पर, निशीथ श्मसान का विहान।
अरि के पैरों की रज बन, लथ पथ तन शोणित समान।।
भारत मां की करुणा ने, रो–रो आज गुहारा है।।३।।

लाहौर–सिंधु की पुण्यभूमि, अब अरि कारा की दाती।
तक्षशिला–ननकाना अंचल, के कण्ठ अब रिपु की फांसी।।
सुरम्य पंचनद की घाटी में श्मसान वाली हांसी।
हिंगुलाज–पंजाब व्यथा यें, विकट विकल नित उपवाती।
पाकिस्तान से गुरू बेटों ने सिंहनाद उच्चारा है।।४।।

बलिदानी आत्माओं की, वेदनाये धिक्कार रही।
खंडित माँ के घावों की, अखण्डता उपचार सही।।
अरि की कुटिल कुचालों का, किया कभी प्रतिकार नहीं।
आप भिखारिणी दर–दर की, वीर प्रसूता मातृ मही।।
करे ''जगराम'' शंखनाद, दुर्योधन ने प्रहारा है।।५।।

जागरण की बेला...

जागो–जागो–जागो–जागो, तात ! जगाने आया हूँ।।
कश्मीर प्रसूनों की क्यारी, अब श्मशान का घाट बनी।
आतंक हिंसा व्यभिचारों की, काली बदली विकट घनी।।
राष्ट्रीयता की वसुंधरा पर, नित घटनायें–आगजनी।
जननि बहनों की मर्यादा के, सिर नंगी तलवार तनी।।
त्याग शौर्य की बलिवेदी पर, दीप जलाने आया हूँ।।१।।
मानसरोवर अपमानित है, अपमानों की ज्वाला में,
जगती का सिरमौर हिमालय, वन्दी अरि की शाला में।
शिव शंकर का कैलाश धाम, परवशता की माला में।।
गंगा यमुना की जन्म स्थली, आक्रांता की छाला में।।
श्वेत अलौकिक तपोधाम पर, भेंट चढ़ाने आया हूँ।।२।।
गुरुनानक की दिव्य समाधि को, खंडित करना क्यों सूझा।
हुतात्माओं की वर साधना, विचलित करने क्यों रीझा।।
पंजाब अधूरा उग्रवाद के, झंझावातों में उलझा।
लीन स्वार्थ के मकड़ जाल में, ताने बाने को सुलझा।।
सुषुप्ता पंचनद की घाटी में ज्वार उठाने आया हूँ।।३।।
गंगा यमुना के क्रीडांगन, में वैतरणी की धारा।
रामकृष्ण की पुनीत धरा पर, जातिवाद का अंधियारा।।
स्वार्थ अनैतिकता के घर में, नित नंगा भाईचारा।
आतुर द्रौपदी बनाने को दुःशासन रूप संवारा।।
राष्ट्रद्रोही अत्याचारी की, चिता लगाने आया हूँ।।४।।
आर्य सनातन पावन नौका, भवसागर के बीच फंसी।
ढाकेश्वरी भवानी महिमा, अधर्म नींव में विवश धंसी।।
प्राची तनया ऊषा रानी, की स्वांस चिथड़ों में बसी।
धर्मान्तरणी आसुरी माया, अट्टहास कर विमुक्त हंसी।।
पापाचारी की कृतियों में, आग लगाने आया हूँ।।५।।

दक्षिण में पाश्चात्य दानव ने, मायावी तन्त्र फैलाया।
जाज्ज्वल्य भोर की विमल काया, को हाट आंगन सजाया।।
निर्भय गौ माता को काट कर, गलियों मे ढेर लगाया।
देवी तुल्य पावन नारी को पतझड़ी वेश पहनाया।।
पाखण्ड, झूठ, अन्याय अधर्म के पंख काटने आया हूँ।।६।।

साध्वी सतियों की आत्माओं, की आशायें बिलख रही।
वीर सपूतों की गाथायें निशीन पथ से झांक रहीं।।
वनाँचलो की विकसित कलियां, बिन माली के उजड़ रही।
विक्रम प्रताप–शिवा की नगरी, विलासिता में नाच रही।।
रेगिस्तानी निष्प्राण हृदय में, गंगाा बहाने आया हूँ।।७।।

चोरी भ्रष्टाचारी के रक्षक, सारे अंधे सत्ताधारी।
हवालों और घोटालों के, प्यालों में मदिरा प्यारी।।
सिंहासन के मद में लोकतंत्र, की मर्यादा भी विसारी।
क्रूर असुरशक्ति के चरणों में, सहर्ष लोकशक्ति बलिहारी।।
पतझड़ की उजड़ी बगिया में, सुमन खिलाने आया हूँ।।८।।

अनैतिकता की कटारी से, नैतिकता का अंत किया।
लोलुपता भरी कुचालों से, समर्पण दीपक बुझा दिया।।
राष्ट्रीयता की प्रेरणा को, स्वार्थ भंवर में डुबा दिया।।
घृणा विविधता की लपटो में, ध्येयनिष्ठा को झोंक दिया।।
''जगराम'' तिमिर के विनाश हित, सूर्य उगाने आया हूँ।।६।।

जीवन का निर्माण...

जीवन का निर्माण नहीं, मिथ्या अभिनय चलता है।।
संस्कारों के सुमनों के, कर्मण्य मलयी पवनों के।
सभ्याचरणों के वदनों के, सद्‌गुणी अलौकिक वसनों के।।
निष्काम गान के बदले में, विषयी दानव पलता है।।१।।
इच्छाशक्ति की आहत की, निष्काम भक्ति की परास्त की।
स्वामिभान की शाश्वत नत की, जीवनादर्शों की शांतमृत की।।
आशा प्रेरणा के बदले में, कलुषित निर्झर झरता है।।२।।
संकल्प प्रतिज्ञा के घट की, नैतिक चरित्र के शुचिपट की।
योगी, षटरिपु के मृदु तट की, शून्य रसना की आहट की।।
भावना सिंधु के बदले में, कामना उपवन खिलता है।।३।।
करुणा के, व्यथिता राहों के, मैत्री उत्फुल्ला बाहों के।
मुदिता की उत्थिता चाहों के, उपेक्षा की कुत्सिता थाहों के।।
मूलाधारों के बदले में, श्वान राग निकलता है।।४।।
बंधुत्व के सहृदय कपाट पर, ममता के अपनत्व घाट पर।
मानवता के उन्नत ललाट पर, सृष्टि से अखण्डित ठाठ पर।।
चैतन्य दिवाकर के बदले में, निश्चेत मयंक चमकता है।।५।।
राष्ट्र धर्म जाति के सागर में, बलिदान मर्यादा की गागर में।
अजेय सुशील से नागर में, परम वैभव की चाही डागर में।।
प्रतिभा पांडित्य के बदले में, परवशता ज्वार उमड़ता है।।६।।
एकाग्र चित्तता लक्ष्य हेतु, अभेद्य उच्च सद्‌गुणी सेतु।
विमुख मंदिर ताण्डवी केतु, तिमिरागण से जागृति नेतु।।
''जगराम'' के आंगन में ही, दिव्य महामानव ढलता है।।७।।

भारत देश नहीं होता तो...

भारत देश नहीं होता तो, सूरज का उदय नहीं होता।
भारत दर्शन नहीं होता तो, संसार महान नहीं होता।।१।।

मानवता का पाठ पढ़ाकर, निरा पशु को मानव बनाया।
सारे जग को ऋणी बनाकर, जगत को अनुयायी बनाया।।
सनातन धर्म नहीं होता तो, जगत का कल्याण नहीं होता।।२।।

जिसको अंगुली पकड़ा करके, पैरों पर चलना सिखलाया।
उन्हीं कपूतों ने भारत में, घोर आतंकवाद फैलाया।।
भारत समर्थ नहीं होता तो, जगती में भोर नहीं होता।।

आक्रांताओं के हंसहंस कर जिसने असह्य अत्याचार सहे।
अपमानों का कटु विष पीकर, जिसने कोटि बज्र प्रहार सहे।।
भारत अमर नहीं होता तो, जग जीवित आज नहीं होता।।४।।

सनातन राष्ट्र की जय हो

सनातन राष्ट्र की जय हो, जगत के प्राण की जय हो।
शांति के दूत की जय हो, क्रांति के पूत की जय हो।।१।।
यही है वेदों की वाणी, यही है सकल कल्याणी।
यही ऋषि मुनियों की धूनी, यही है दुख परित्राणी।।
निस्वार्थ सेवा धर्म की जय हो, निष्काम कर्म की जय हो।।२।।
यही शिव का प्रलय नर्तन, यही नरसिंह रूप का दर्शन।
यही परशुराम की गर्जन, यही ऋषि दधीचि का अर्पण।।
शौर्य के सूर्य की जय हो, क्षमा के सोम की जय हो।।३।।
यही श्रीराम का कानन, यही कान्हा का वृन्दावन।
यही मर्यादा का आनन, यही है सत्कर्म का आंगन।।
प्रेम के उदधि की जय हो, ज्ञान के धाम की जय हो।।४।।
यही सिद्वार्थ का सपना, यही महावीर का पलना।
यही है शंकर की वेदना, यही नानक की करुणा।।५।।
सनातन धर्म की जय हो, चर अचर उत्थान की जय हो।।
यही राणा की समर भूमि, यही शिवा की कर्मभूमि।
यही गुरुओं की यज्ञ भूमि, यही स्वातंत्र्य की भूमि।।
अमिट बलिदान की जय हो, प्रचण्ड सिंहनाद की जय हो।।६।।
यही सहिष्णुता की प्रतिमा, यही पुरुषार्थ की आत्मा।
यही विश्वास की गरिमा, यही आशाओं की महिमा।।
मुक्ति के द्वार की जय हो, अक्षय शक्ति–भक्ति–युक्ति की जय हो।।७।।
यही मंझधार का तिनका, यही आश्रय अभय सबका।
यही नव चैतन्य जनजन का, यही ''जगराम'' जीवन का
पावन चिर संस्कृति की जय हो, मन–बच–कर्म की जय हो।।८।।

आत्महवन की बलिवेदी पर...

आत्महवन की बलिवेदी पर, दीप जलाने आया हूँ।
देशभक्ति की कथा सुनाने, द्वार तुम्हारे आया हूँ।।१।।
जिस धरती पर जन्म लिया है, जिसका है अन्न जल खाया।
जिस समाज में पलकर हमने, जीवन को सफल बनाया।।
कर्त्तव्य भाव से मातृभूमि हित, कर दी है अर्पित काया।
कृतज्ञ भाव से चिर समाज उर, भर दी नव अमृत साया।।
आत्मीयता और ममता का, मंत्र सिखाने आया हूँ।।२।।
जिस परम्परा की माटी में, निज–जीवन सुमन खिलाया।
जिस संस्कृति की सुर सरिता में, सब मन का मैल बहाया।।
जिस बगिया में चंदन जैसा, अपना तन मन महकाया।
जिस कुटिया में साधक जैसा, मधु जीवन दीप जलाया।।
हृदय में स्वाभिमान प्रेम का, ज्वार उठाने आया हूँ।।३।।
चिर समाज की चिर धरोहर, अपने हृदय से लगा ली।
नित समाज की गौरव गाथा, निज के प्राणों से पाली।।
नव समाज के जीवन मूल्यों की थाती हृदय बसा ली।
पुण्य समाज के अमिट त्याग की, निज शोणित धार बना ली।।
निज समान को सर्वस्व मानकर, जिसने हंस मान बढ़ाया।
जिसके चरणों में हंस हंसकर, जीवन को भेंट चढ़ाया।।
परमोत्कर्ष के सिंहासन पर, जिसने भयहीन बिठाया।
भागीरथ बनकर विकास की, धरती पर गंगा लाया।।
उत्स्फूर्तमयी प्रेरणा शक्ति का, सूर्य उगाने आया हूँ।।४।।
व्यष्टि निष्ठा का मोह विस्मृत कर, सुख स्वार्थ से मुँह मोड़ा।
ऊंच नीच का भेद भुलाकर, सबसे निज नाता जोड़ा।।
समष्टि निष्ठ का दीपक जलाकर अंधेरे का सिर फोड़ा।
हंस हंस कर मां के चरणों में, ममता का आंचल छोड़ा।
चिरा पावनी मां गंगा की, धार बहाने आया हूँ।।५।।

जिसको उर से पाला अब तक, उन सबको अब ठुकराओ।
भोग लालसाओं को अपने, तन मन से दूर भगाओ।।
आकांक्षाओं का कर उच्छेदन, श्मसान की गोद सुलाओ।
बलिदान समर्पण की पवन को, घर घर में मुक्त बहाओ।।
वात्सल्यमयी जीवन दृष्टि का, पाठ पढ़ाने आया हूँ।।६।।

मोह स्वार्थ का शीश कुचल कर, अपना जीवन बलिहारो
सुख वैभव का गला घोंटकर, मृगतृष्णा को संहारो।।
आशा और आकांक्षाओं के, चेहरे पर पत्थर मारो।।
पावन समाज के चरणों में, अपनी सारी शक्ति वारो।।
कर्तव्य कठोर प्रेरणा वाली, सुधा पिलाने आया हूँ।।७।।

मातृभूमि का मान बढ़ाने, जो बढ़ता नित मतवाला।
मां के चरणों में न्योछावर, करता जीवन की माला।।
निज प्राणों का मोह छोड़ कर तन पर पहनी मृग छाला।
सुमन सेज तज स्वीकारा पथ हंस हंस करके शूलों वाला।।
अनन्य निस्वार्थ प्रेरणा वाली, वंशी बजाने आया हूँ।।८।।

सच पूछो तो हम सब भाई परम पिता की संतानें।
परमपिता सबके ब्रह्मा जी सच माने या न मानें।।
विधिना की नाभि से निकला, प्रथम कमल को पहिचानें।
उसी कमल से चिर समाज के, पावन उद्भव को जानें।।
नित नूतन चिर अतीत वाला, दर्पण दिखाने आया हूँ।।९।।

विश्व बंधुत्व को स्थापित करके, मानवता को ही सींचा।
बर्बरता के शीश पकड़ कर, निर्भय हो अवनि पर खींचा।।
मां का कुंज अमर रहे चाहे, उजड़े स्वप्नों का बगीचा।
सपनों में जिसके अविरल भक्ति उसने ही अरि को फींचा।।
एकात्म भाव का अविष्कार कर, मीत बनाने आया हूँ।।१०।।

जिस जिसने अपने हृदयो में, बलिदानी भाव संजोये।
उस उसका जीवन धन्य जग में, ध्रुव सा बनकर मुसिकायें।।
मातृभूमि की खातिर रण में, जिसने भी प्राण गंवाये।
स्वर्ग, संपदा, उसके चरणों में, अपना नित शीश झुकाये।।
"जगराम" सा धर्म न दूजा जग, यही बताने आया हूँ।।११।।

गुरु गोविन्द सिंह का औरंगजेब को पत्र...

भारत माँ के चरणों में, सर्वस्व लुटाने वाला हूँ।
रणचण्डी बनकर असुरों का, शोणित पीने वाला हूँ।।१।।

औरंगजेब के अत्याचारों से जब हाहाकार मचा।
दानवता के प्रचण्ड ताण्डव, से मानवता गई लजा।।
पशुता की होली में जलता, अनल स्वयं चीत्कार उठा।
निर्दयता के निर्मम होठों पर, कूट हलाहल चीख पड़ा।।
घोर निराशा में आश का, दीप जलाने वाला हूँ।।२।।

ऐसे अंधियारे कारा में, दशमेश गोविन्द सिंह जन्में।
बचपन से ही आत्महवन के, सहर्ष अभेद्य कवच पहनें।।
गुरु–पिता का भोली आँखों, से सर्वस्व समर्पण देखा।
चारों बेटों की बलि देकर, भारती! का संकट मेटा।।
अंधकार के लिए प्रचंड नव, सूर्य उगाने वाला हूँ।।३।।

शाही सेना के घेरे को, तोड़ चमकौर से भागे।
कटाना होते हुए पहुँच गए, दीना में सर पर आगे।।
बेटों के बलिदान से जर्जर, सारे दृढ़ व्रत के धागे।
शोक ग्रासित आहत गुरुगोविन्द, तब तीन माह में जागे।।
मातृभूमि के लिए जीवन की, भेंट चढ़ाने वाला हूँ।।४।।

दीना से ही गुरुगोविन्द ने, औरंगजेब को पत्र लिखा।
मई सत्रह सौ पाँच में उसे, दया धर्म के हाथ रखा।।
शहंशाह को अहमद नगर में, "जफरनामा" काल सदृश दिखा।
रंग पीला पड़ गया बदन का, जब उसका कंटक मर्म चखा।।
समर भूमि में द्वन्द्व युद्ध की अब हांक लगाने वाला हूँ।।५।।

सुन रे! गीदड़ औरंगजेब, यह उस शक्ति का बेटा है।
जो तेगो तवर और तीखे, तीरों का फेंटा है।।
भालों की नोकों के ऊपर जिसका जीवन लेटा है।
रण में आये शरणार्थी को, जिसने उर से भेंटा है।।
प्रचंड पवन की प्रलय गति से, तुझे उड़ाने वाला हूँ।।६।।

स्मरण रहे कुत्ते! तेरी मौत, का परवाना यह भेजा।
पूर्वजन्मों के कारण तूने, महत्वों का वैभव भोगा।।
दीनों–दुखियों की सेवा ही, मेरे जीवन की रेखा।
तेरे निर्मम अत्याचारों ने, जिनके शीश पत्थर फेंका।।
शिकार हुए सब लाचारों को, धीर बंधाने वाला हूँ।।७।।

पद को तुने लूट मार का, घिनौना साधन बनाया।
भोले–भालों को धोखे में, डाल जन जन को रुलाया।।
प्रभु कृपा से मैंने सच्चाई, सेवा का पथ अपनाया।
पावन मानवता के चरणों में, जीवन भेंट चढ़ाया।।
बीच भंवर में फंसी नाव को, पार लगाने वाला हूँ।।८।।

तू अपने को स्वाभिमान से, औरंगजेब कहता है।
औरंग–यानी सिंहासन और जेब शोभा समझता है
मक्कार–फरेबी, ढोंगी, कातिल, क्या शोभा हो सकता है।
कौन नहीं जानता सदा तू बगुला तापस लगता है।
तेरी माला के मनकों को, निस्तेज करने वाला हूँ।।६।।

यह झूठी बंदगी सिर्फ धोखा, कर्मो को व्यर्थ ढांकता है।।
सत्ता की लालसा से तू तो, सगों का लहू बहाता है।।
पापी तेरे हर अंग अंग से, शोणित आज टपकता है।
बेगुनाहों का लहू पीकर, व्यर्थ सिंह बन दहाड़ता है।।
तेरी अत्याचारी सत्ता पर, कहर ढहाने वाला हूँ।।१०।।

अकाल पुरूष की कृपा से गुरू सिंह लौह पुरूष समान है।
कान खोल कर सुन रे मूरख, निकट तेरा अवसान है।।
कहर की वर्षा करने वाला, आतुर देख तूफान है।
क्षण में खाक मिले महलों का, जो यह झूठा सम्मान है।।
तेरे जैसे कुकुरमुत्तों की, जड़ उखाड़ने वाला हूँ।।११।।

दाँत किए खट्टे समर में उन, मेवाड़ी को भूल गया।
कमर तोड़ देने वाले उन, मराठों का विस्मरण किया।।
सुन! अब तेरी सत्ता को राहु, की वक्र दृष्टि ने घेर लिया।
और तेरा यह जुल्म घिनौना, बिना नीर के सूख गया।।
शोणित से बनें भव्य महल को, धूल चटाने वाला हूँ।।१२।।

जब सियार की मृत्यु आती तो वह शहर को भागता है।
उसी तरह ही तू पागल, अब पंजाब को आता है।।
जो भी पंजाब की ओर बढ़ा, उसका वंश मिट जाता है।
और वहां वह कदम कदम पर, अंगारे ही पाता है।।
पंचनदियों की वसुंधरा पर, समर रचाने वाला हूँ।।१३।।

तेरे मुँह को पानी की एक, बूंद नसीब न हो सकती।
तेरी सेना गोविन्द सिंह के आगे कभी न टिक सकती।
ओ। दगाबाज–मक्कार गीदड़ सत्ता कभी–भी छिन सकती।
बच्चों से चुनी जो दीवालें वे पल भर में ढह सकती।।
निपट अंधे इस्लामी कायरों को दफनाने वाला हूँ।।१४।।

पर फिर भी सिंह एक बार तुझे शुभ परामर्श भेजता है।
ओ नादान! सन्मुख उपस्थित हो, जो अब प्राण चाहता है।।
अपनी करनी पर शर्मिन्दा हो, क्यों जगराम बुलाता है।
तभी क्षमा कर उसे हृदय से, अपना बंधु बनाता है।।
भोर के भटके सायं मिले, को अपनाने वाला हूँ।।१५।।

मिर्जा राजा जयसिंह को छत्रपति शिवाजी का पत्र...

सौगंध राम की लंका में आग लगाने आया हूँ।
औरंगजेबी संतानों का, वंश मिटाने आया हूँ।।१।।

मुगलों की सेवा लेकर जब, जयसिंह ने आक्रमण किया।
कुल कलंक का पर कपूत ने, पूना को था घेर लिया।।
बालों, बूढ़ों, अबलाओं का, निर्भय हो कत्लेआम किया।
अपने हाथों अपनी मां का, चीर सभा में हरण किया।।
राष्ट्र द्रोहियों को स्वदेश का,पाठ पढ़ाने आया हूँ।।२।।

सोलह सौ पैंसठ में छत्रपति, ने ऐतिहासिक पत्र लिखा।
मिर्जा राजा जयसिंह के सन्मुख, प्रस्ताव भारती का रखा।।
भारत माता की स्वतंत्रता, का अनुपम अवसर देखा
चलें, मिटा दें, मिल कर दोनों, दासत्व की काली रेखा।।
अपने बने परायों को उर, घाव दिखाने आया हूँ।।३।।

अपनों के शोणित गारे से, तू जो महल बनाता है।
तू यह नहीं जानता मूरख, तव मुंह काला होता है।।
तेरे कुटिल विश्वासघात से, निखर देश–धर्म रोता है।
अपने हाथों अपने दामन, को शोणित से पोता है।।
करो न कार्य घिनौने ऐसे, यह समझाने आया हूँ।।४।।

यदि तू स्वयं वीरों की सेना, ले दक्षिण विजय को आता।
तो मेरे सिर पलक बिछौनों, पर अखण्ड शोभा पाता।।
तब स्वयं सजा सेना अपनी, तेरे पीछे चल देता।
सारी भूमि जीत करके तब, तुझको उसे सौंप देता ।।
भेंड बने केहरि शावक को, सिंह बनाने आया हूँ।।५।।

पर तू तो औरंगजेब का, पैगम्बर बनकर आया।
कपटी धूर्त अत्याचारी के, बहकावे में पड़ आया।।

अब हम नहीं जानते तेरे, संग रचाऊँ क्या माया।
यदि तेरे संग मिल जाऊँ तो, यह पुरुषार्थ नहीं भाया।।
सिंहों के मन से भीरुता भाव मिटने आया हूँ।।६।।

और यदि मैं कुठार उठाऊँ तो अपनों का लहू बहे।
दोनों छोरों के अपने ही, भाई ही रण खेत रहे।।
यही तो खेद की बात बार–बार कुरेद–कुरेद कहे।
इसी हेतु तो अपमानों की, ज्वाला को चुपचाप सहें
स्वार्थ आंधियों में बिछड़ो को, गले लगाने आया हूँ।।७।।

नहीं चाहता मेरी कृपाण, अपनों ही के सिर काटे।
जब भी निकले खड्ग म्यान से, यवनों ही के सिर छांटे।।
यदि मुगल सामने आते तो, सब मिटते उर के कांटे।
घर बैठे पाते शिकार जो, तो होते पूरे घाटे।।
धर्मसंकट में फंसी नाव को, पार लगाने आया हूँ।।८।।

पर यह तो अन्यायी अधर्मी, मनुज रूप में राक्षस है।
जब अफजल शाइस्त की न चली, तब तुझ पर रण साहस है।।
क्योंकि स्वयं न शहंशाह में समर, में लड़ने का पौरूष है।
गीदड़ की संतानों के वध, को आतुर धनुतरकस है।।
खड्ग भवानी को रणांगन में लहू पिलाने आया हूँ।।९।।

शहंशाह की नीति यही तो, कोई न सिंह सपूत बचे।
आपस में लड़ भिड़ कर गीदड़, से जंगल के बीच बसे।।
इस गुप्त भेद का रहस्य तेरी, दुर्बुद्धि को क्यों न समझ परे।
उस नीच दुराचारी की कृपा का, थोथा मन अभिमान करे।।
मद में अंधे कुंभकरणों के, दंत तोड़ने आया हूँ।।१०।।

नृप जयसिंह तू नहीं जानता, जुझार की करनी का फल।
छत्रसाल के सिर मंडराते संकट के गहरे बादल।।
तू नहीं जानता चौराहों, पर मां का लुटता आंचल।
नरनारी के सिर पर नंगी, तलवार लटकती हर पल।।
कामी–दम्भी पाखण्डी का शीश फोड़ने आया हूँ।।११।।

मैंने माना तूने अपना द्रोही से नाता जोड़ा।
अपने कुल की अटल मर्यादा, को उसके सिर पर तोड़ा।।
पर राक्षस को तेरे संबंधों का, रहे न कोई रोड़ा।
उसने तो अपने हित अपने, बाप भाई को न छोड़ा।।
महासमर में राष्ट्रप्रेम का, स्वास उठाने आया हूँ।।१२।।

यदि विधिना से मिला तुझे बुद्धि, का विपुल अक्षय भंडारा।
और तेरे विक्रम पुरुषत्व की, डींगे बांध रहीं धारा।।
और तू अपनी जन्मभूमि के, संतापों का बना गारा।
अत्याचार से दुखितों के अश्रु, से सींचो उर की कारा।।
पतझड़ के उजड़े आंगन में, बसंत बहाने आया हूँ।।१३।।

आपस में लड़ने भिड़ने का, यह अवसर है आज नहीं।
क्योंकि हमारे कंधों पर लाज, भारत की है आज सही।।
नारी–युवा–बाल–देवों के सिर शोणित की धार बही।
यदि ऐसा कुछ दिवस चला तो, कोई बचे न चिन्ह मही।।
भागीरथ बनकर भारत में, सिंहत्व जगाने आया हूँ।।१४।।

मुट्ठीभर मुगलों ने हम पर, कैसा अत्याचार किया।
इतने बड़े विशाल देश को, क्षण में दासी बना लिया।।
यदि तुझको है नयन समय के, देख घर का उजाड़ किया।
और धोखे की कुचालों से, मां का वैभव छीन लिया।।
ऐसे क्रूर धोखेबाज की, भुजा काटने आया हूँ।।१५।।

उसने मेरी ही सांकल से, मेरे पैरों को जकड़ा।
मेरी ही तलवारों को ले, मेरी गरदन पर रगड़ा।।
राष्ट्र धर्म जाति के खातिर अब, भूलो आपस का झगड़ा।
और कृपाणों की धारों से, पोछो जननी का दुखड़ा।।
जसवंत सिंह राणा प्रताप से, मेल मिलाने आया हूँ।।१६।।

नरपिशाच पर चहुंदिशि अब, मिल प्रचण्ड आक्रमण करो।
काले तक्षक के फन के ऊपर, शिलाखण्ड का भार धरो।।
फांसो अपने मकड़ जाल में, पश्चात उसके प्राण हरो।
जहर बुझी अपनी कृपाण से, जगजननी का खप्पर भरो।।
मेघो सरिस गरजने वाली, सेना ले कर आया हूँ।।१७।।

पापी के सिर पर तलवारों, से शोणित वारिस लाऊँ।
तब दक्षिण के पटल से इस्लाम, का नाम और चिन्ह धोऊँ।।
फिर रणवीरों की सेना संग, तेरे स्वागत को आऊँ।
फिर दोनों घनघोर युद्व कर, मुगलों को मार भगाऊँ।।
औरंगजेब को सिंहासन से, अभी हटाने आया हूँ।।१८।।

शिवा! धर्म–तलवार–अश्व–पुरखों, की शपथ तुम्हें देता है।
इस घोर विपत्ति से लड़ने हित, गोदी में भर लेता है।।
अफजल के परिणामों से तू, क्यों मरुस्थल की रेता है।
बारह सौ बड़े लड़ाकों संग, समर अकेले भेंटा है।।
बघनखों के प्रथम प्रहार से, पेट फाड़ने आया हूँ।।१६।।

कोई बैर न तुझसे मेरा, यह अन्तिम कहना मेरा।
स्वयं रात्रि अकेले मैं आऊँ, जो हो शुभ संकेत तेरा।।
और शाइस्त के गुप्त पत्र दिखा, छल का दिखाऊं पिटारा।
भोग निद्रा को दूर भगाकर, साकार करू भोर डेरा।।
संकट घन से घिरे आंगन में, दीप जलाने आया हूँ।।२०।।

यदि मेरी यह निवेदन पत्री, जो अनुचित–प्रतिकूल लगे।
तो तू मनमाने ढंग से यह, रौंदे घर ज्यों दिखे, ठगे!।।
मेरी खड्ग से मेरे टुकड़े, मुक्त हो, करो जयसिंह सगे।
और सूर्य ! संध्या की गोदी, में छिपे, फिर कभी न जगे।।
''जगराम'' ऐसे जयसिंहों की, चिता लगाने आया हूँ।।२१।।

महाराणा फतेहसिंह को केसरी सिंह बारहठ का पत्र...

मेवाड़ी मां के चरणों में, भेंट चढ़ाने आया हूँ।
गौरव के सिंहासन पर फिर से बैठाने आया हूँ।।१।।

यह वह धरती है जिस पर रण–वीरों में जन्म लिया था।
यह वह धरती है जिस पर हंस–हंस कर बलिदान किया था।।
यह वह धरती है जिस पर लक्ष, सतियों की चिता जली थी।
यह वह धरती है जिस पर सारे शोणित की धार बही थी।।
ऐसी मेवाड़ भूमि के हित, भीख माँगने आया हूँ।।२।।

इसकी बलिदानी परम्परा से, स्वयं त्याग निरा लजाया।
इसके बल पौरुष के आगे, भट प्रलय स्वयं थर्राया।।
अविचल राष्ट्र प्रेम की गंगा, ऐसी कही भी न होगी।
चिर स्वतंत्रता की अखण्ड ज्योति, ऐसी बिरले उर होगी।।
त्याग और बलिदान भूमि का, शीश झुकाने आया हूँ।।३।।

जिसके खातिर राजाओं ने, निज सुख वैभव ठुकराया।
धर्म की खातिर हंस–हंस कर, कांटो को महल बनाया।।
सौ सौ बार सहे सीने पर, फिर भी रण पीठ न फेरी।
स्वाभिमान की खातिर रण में, शाश्वत समाधि की ढेरी।।
चिर समाधियों पर निज जीवन, सुमन चढ़ाने आया हूँ।।४।।

जिसकी तलवारों के आगे, दुश्मन के सब छक्के छूटे।
जिसके भालों के आगे अरि–दल के अमेद्य व्यूह टूटे।।
जिसके वीरों को हुँकारों, से अरिदल पल छितराया।
जिसके अचूक संधानों ने प्रलयी तूफान उठाया।।
ऐसे ही अमर सपूतों का स्मरण कराने आया हूँ।।५।।

जिसने स्वाभिमान की खातिर, वन घास रोटियाँ खायी।
जिसने माँ बहिनों की खातिर, कर में तलवार उठायी।।
जीते जी आंखों के आगे, शील भंग न होने पाया।
अपना लहू बहाकर रण में, मेवाड़ी मान बढ़ाया।
ऐसे वीर व्रती पुरखों की, शपथ दिलाने आया हूँ।।६।।

दुश्मन के चरणों में मेवाड़ ने कभी न हाथ पसारे।
कभी नहीं भेजे नजराने और कभी न हिम्मत हारे।।
जिस सिंहासन के आगे सदा, यवनों के ही शीश झुके।
जिसकी तूफानी गति का पथ, कभी न अरिदल रोक सके।।
फिर से अंधकार के आंगन सूर्य उगाने आया हूँ।।७।।

जिसके पौरुष को जगती ने अपने शुभ भाल सजाया।
जिसके सर्वस्व त्याग समर्पण को, जगती ने हार बनाया।।
जिसको सारी ही जगती ने, फूलों की सेज सुलाया
जिसके आगे जगती ने निज जीवन प्रसून महकाया।।
निपट रेगिस्तानी आंचल में, सुमन खिलाने आया हूँ।।८।।

मेवाड़ी पुरखों ने मन में, जिस दृढ़ व्रत को ठाना था।
तिल तिल कर के जलकर उसको, नित प्राणों से पाला था।।
मेवाड़ी पगड़ी अरि चरणों में, कभी न झुकने पायी।
मेवाड़ी के मुख पर कालिख, कभी भी न पुतने पायी।।
प्रखर राष्ट्रभक्ति की उर में नव ज्योति जगाने आया हूँ।।६।।

जो कायर होते जग में वे, भाग्य भरोसे ही जीते।
देते कायरता का परिचय, चाटुकारिता मधु पी के।।
जीवित ही मृत के समान वे, खाने भर को ही जीते।
धन–सत्ता–प्रतिष्ठा की पिपासा, में जीवन का पल बीते।।
कायर को सांगा प्रताप के, घाव दिखाने आया हूँ।।१०।।

पूर्वजों के कोटि घावों की, आज सौगंध तुम्हें राणा।
लाखों सतियों के जौहर की, आज सौगंध तुम्हें राणा।
कोटि सपूतों की समाधि की, आज सौगंध तुम्हें राणा।
मेवाड़ी मां के सपनों की आज सौगंध तुम्हें राणा।
मेवाड़ी डूबती नाव को, पार लगाने आया हूँ।।११।।

मेवाड़ यही माता ने भी, यहाँ संदेश लिखवाया।
एकलिंग प्रभु ने अपने चिर स्वपनों को पुनः दोहराया।।
सूर्य वंश ने भी अपने भर लालों का स्मरण कराया।
राष्ट्र धर्म ने त्याग समर्पण का, फिर से चिर पाठ पढ़ाया।।
हे राणा! झोली फैला बस, यही माँगने आया हूँ।।१२।।

हे सिसोदिया फतेहसिंह ''लार्ड कर्जन'' जाल न आओ।
पावन मेवाड़ी जननि भाल को पग ''एडवर्ड'' न झुकाओ।।
केशरी सिंह ने महाराणा से भीख यही बस चाही।
बप्पा–सांगा–प्रलय की अटल सौगंध तुम्हें पथ राही।।
मेवाड़ी महिमा का गौरव, मान बढ़ाने आया हूँ।।१३।।

मेवाड़ राजवंश ने स्वदेश हित जीवन भर संघर्ष किया।
स्वतंत्रता का दीप जलाकर, परकीय संकट दूर किया।।
मातृभूमि हित बलिवेदी पर, हंस–हंस जीवन वार दिया।
तेरा वैभव अमर रहेगा, यह नारा चरितार्थ किया।।
तन–मन–धन–जीवन का वैभव, भेंट चढ़ाने आया हूँ।।१४।।

अपने कारण मेवाड़ी का, अपमान न होने देना।
अपने ही कारण पुरखों को, कलंकित न होने देना।।
अपने कारण स्वाभिमान का, भाल नहीं झुकने देना।
''जगराम'' रविकुल परम्परा की, लाज नहीं लुटने देना।।
हे राणा ! तव चरणों में यह विनय सुनाने आया हूँ।।१५।।

सीता को बस राम चाहिए...

अंधकार से दुखी ऊषा की, बाहों को बस भानु चाहिए।
सोने की लंका के बदले, सीता को बस राम चाहिए।।१।।

जब समाज के क्षात्र तेज का, ब्रह्मतेज से मधुर्योग मिला।
तब राष्ट्र पुरुष राम रूप में, विस्मृत पौरुष का जलज खिला।।
घोर निराशा के आँगन में, आशा का बस दीप चाहिए।।२।।

चिर राष्ट्र की अपहृत लज्जा को, लौटा लाये का व्रत लिया।
अभेद्य सैन्य बल ले लंका की, ओर प्रलय बन प्रस्थान किया।।
महोदधि के बीच भंवर में, नाविक को बस धीर चाहिए।।३।।

दृढ़ वीरव्रत लक्ष्य एकमेव सत्य, गति प्रचण्ड लय अखण्ड विवस्वान।
आततायी दसमुख का अंत, बन गया विधि का विधान।।
अहंकारी जड़वत समुद्र को, पावक का बस तीर चाहिए।।३।।

कपियों भालुओं के सहारे, भुवनविजयी को ललकारा।
गौरव सिंहासन, गर्वमुकुट को, पैरों के तले बलिहारा।।
स्वयं विजय पग चूमें आकर, राही को बस चाह चाहिए।।४।।

अहंकारी की झूठी शक्ति ने, बिबस होकर घुटने टेके।
अन्यायी उद्दण्ड स्वाभिमान ने झट कलुषित आयुध फेंकें।।
रावण का वध करने को बस शील–न्याय–''जगराम'' चाहिए।।५।।

भारत टुकड़ा नहीं भूमि का...

भारत टुकड़ा नहीं भूमि का, यह तो जागृत राष्ट्र पुरुष है।
मानवता के लिए प्राण और दानवता के लिए परशु है।।१।।

जिसका पावन भाल हिमालय, गगन को भी जो करता लज्जित।
गौरी शंकर शिक्षा गर्वोन्नति, स्वाभिमान से भुवन सुसज्जित।।२।।

अवनी का स्वर्ग कश्मीर किरीट, की कीर्ति चंचल जग मोहित।
भीमकाय बलिष्ठ स्कंध अजेय, पंजाब बंगाल अति सुशोभित।।३।।
मेखलाकार विंध्याचल कटि, तट नटखट रंजित मन भावन।
कंचन जड़ित करधनी नर्मदा, नीरव विरहित तम पट आनन।।४।।

प्राची पश्चिम घाट विकट सुभग, जंघाये पूरित घट सावन।
कन्याकुमारी चरण अनल मुख, नरव शिख रूप जलज लजावन।।५।।

सागर प्रक्षलित चरणाम्बुज, अंजुलि भरभर रत्न हीर समर्पित।
पावस की श्याम घटाओं से कुंतल केश चंचल बन हर्षित ।।६।।

भक्ति भाव से चंद्र और सूरज, थाल सजा कर करें भारती।
लक्ष्मी दुर्गा सरस्वती की मूर्ति, स्त्री अलौकिक अखंड आरती।।७।।

यह तो वंदन का आंचल है, यह तो अभिनंदन का जल है।
यह तो तर्पण की सजल बदली, यह तो अर्पण का सोमफल है।।८।।

इसका कंकर कंकर शंकर, और बिन्दु बिन्दु गंगाजल है।
जियें–मरें "जगराम" इसीहित बस यही चाह उर हरपल है।।६।।

सोने की चिड़िया...

स्वर्ग लोक की दिव्य छटा सी, यह सोने की चिड़िया था।
वसुंधरा की भोली नन्ही, भारत प्यारी गुड़िया था।।१।।

कोहिनूर, ए नूर, सान्सी, फ्लोरेन्टाइन, ग्रेट मुगल।
दरया रिजेन्ट ओर लोक भारत सबका स्रोत विपुल।।२।।

हैदराबाद गोलकुण्डा, को हीरों का सिन्धु माना।
कोहिनूर हीरे का भी। सर्व प्रथम यहीं का बाना।।३।।

मुहम्मद बिन कासिम ने भी जब सिंघ प्रांत को लूटा।
लाखों के सिर कत्लेआम, छैः सौ मिलियन स्वर्ण लूटा।।४।।

महमूद गजनवी ने भी, ऐसा ही ताण्डव खेला।
मंदिरों का मूल उध्वस्त कर, हीरा पन्ना लूटा धेला।।५।।

पराजित राजा जयपाल, से लक्ष दीनार वसूले।
चार लक्ष का दण्ड सगों से, लेना भी तनिक न चूके।।६।।

मुल्तान में बीस लाख के दिरहम फिरौती में भेंट।
नवासाशाह् से दण्ड में चार लक्ष दिरहम की फेंट।।७।।

भीम नगर से भी हीरे जवाहरातों के ढेरे।
पांच टन कनक की ईटें, सत्तर लक्षदिरहम उकेरे।।८।।

मथुरा में सरेआम कत्ल, पांच ठोस स्वर्ण की प्रतिमा।
अठ्ठानवें लक्ष स्वर्ण छड़ियां, दस टन ठोस रजत प्रतिमा।।९।।

सारे मंदिर ध्वस्त कियो फिर भी शांति न मन में आयी
वृंदावन के मंदिरों से, तीस लक्ष की भेंट पायी।।१०।।

सोमनाथ भारत आत्मा, पर नग्न ताण्डव विकट बड़ा।।
दो सौ मन वजनी श्रृंखला, सात मन घंटियां ले उड़ा।।११।।

बीस करोड़ की अशर्फियां, चौदह करोड़ के मोती।
पृथ्वी की सकल धन सम्पदा, भी सोमनाथ से छोटी।।१२।।
बीस हजार मूर्तियों का, भंजक महमूद गजनबी।।
बीस हजार मंदिरों पर, मस्जिदों का दास गजनबी।।१३।।
शाहजहां का ताजमहल, तेइस करोड़ डालर में।
रत्न जड़ित मयूर सिंहासन, भी सत्तर लाख डालर में।।१४।।
एक लक्ष पचास हजार, घन,–फीट के भूमिगत भंडार।
जो सदा हीरे मोतियों से भरपूर सम्पत्ति अपार।।१५।।
शेष सम्पदा गोरों ने, अपना जी भर कर लूटी।
दर–दर को किया भिखारी, भारत की टांगे टूटी।।१६।।
स्वतंत्रता के बाद देश, भुखमरी मौत का ताण्डव।
जन समुदाय विपन्नता में विस्मृत अतीत सम्पत्ति खांडव।।१७।।
अजस्र जिसका सदा वैभव, सनातन ज्ञान की गंगा।
अमर जिसका भुवन गौरव न कोई निपट क्षुधित नंगा।।१८।।
अब समृद्वि चरमोत्कर्ष तभी संभव जब संशय तनिक न मन।
एकता सैन्य शक्ति के रूप,–में जब "जगराम" अखंड प्रण।।१६।।

सैनिक वीर महान...

सन्यासी की अटल समाधि पर, दीप जलाने आया हूँ।
देशभक्त रणवीरों की आज पूजा करने आया हूँ।।१।।
अपना जीवन अस्तित्व मिटाकर, गौरव का भानु उगाया।।
अपना जीवन न्योछावर कर, संकट घन दूर भगाया।।
अंडमान की काल कोठरी को कोटिक तीर्थ बनाया।
मातृभूमि की ह्दय वेदना, का उर में हार सजाया।।
दीपक की बाती सा जल कर, तिमिर भगाने आया हूँ।।२।।
जगे न जब तक वीर स्वयं ही, संभव न विजयी उपहार।
अब तो भारत रण सन्नद्ध अडिग, अब संभव न प्रचण्ड प्रहार।।
रणचण्डी मुखरित रणभूमि में, काली शोणित की प्यासी।
मुंडमाल समर्पण की बारी, सैनिक वंदन अनुरक्त साहसी।।
काया के बदले भाला की, शपथ दिलाने आया हूँ।।३।।
जब खाली खप्पर देखा काली, ने तब मंद मंद मुसकायी।
प्रलय भयंकर समरांगण में, अपनी तब बांह गहायी।।
यती हिमालय में निष्प्राण हो, लगन–अटल सिद्धि मन भारी।
शैलकन्या से रणभूमि में सैनिक होते आभारी।।
ब्रह्मचारिणी तेज ऊर्जा की भेंट चढ़ाने आया हूँ।।४।।
समरांगण तो मसि महोदधि, सैनिक तो लेखनी निर्भय।
बलिदानों के स्वर्णिम पृष्ठों पर, महान गाथा का अभ्युदय।।
नरजीवन का मोल भला क्या? जो भोग–विलास में लीन।
भारती की सेवा में तत्पर, जो वही सपूत सुप्रवीण।।
अमर सपूतों के चरणों में, सुमन चढ़ाने आया हूँ।।५।।

हिममंडित केशर की क्यारी, प्यारा चिर कश्मीर हमारा।
क्षीर भवानी अमरनाथ के, निर्झर से श्रीनगर न्यारा।।
भारत के पावन धवल भाल, पर क्यों? आतंकी आँखें।
बम–बंदूकों–बारूदों की, क्यों अब कश्मीर में राखें।।
कायरता को छोड़ विजय का, शंख बजाने आया हूँ।।६।।

सीमा पर प्रहरी सजग अडिग, मन चाह न कोई सुविधा।
सुख वैभव को लात मार कर, समर पंथ न कोई दुविधा।।
सैनिक तपसी वीरव्रती बन, मन में प्रखर दृढ़ इच्छा शक्ति।
संयम अविराम महारत, ध्येय सिद्धि तक प्राणपण भक्ति।।
यती सैनिक के कर्म योग का, गान सुनाने आया हूँ।।७।।

दुष्टों का समूल संहार कर, वसुधा का भार हटाया।
परित्राण ही प्रभु कार्य में तम, सहकारी दीप जलाया।।
शांति सुधा की बदली बरसा, आंगन को पुनः महकाया।
रंग–बिरंगे विटप प्रसूनों को, प्रभात की भोर जगाया।।
सुखनिद्रा में लीन वीरों का, अलस भगाने आया हूँ।।८।।

रात–रात भर डोले स्वमेव, प्रिय मातृभूमि सुरक्षा में।
निज प्राणों की थाल सजा कर जीवन–अर्पित परीक्षा में।।
सत्कर्मों से पूरित जीवन पथ, क्षणभर भी सुखद सुहावन।
यदि अधर्मों से उफ नित जीवन, शत वर्षों तक जन्म अपावन।।
त्याग शौर्य दीप्त पुरूषार्थ की, तन सजाने आया हूँ।।६।।

मिट जाऊँ पर आह न मन में, आना जाना क्रम निरन्तर।
वैभव तेरा अगर रहे मां जननि अभिराम न उर अंतर।।
दीन विनय प्रभुवर स्वीकारो, पावन चरणों में माथा।
आंच न आये राष्ट्रदेव पर, वाणी में यश–गुण गाथा।।
आयुध कर रक्त सरित अविराम, धार बहाने आया हूँ।।१०।।

आत्मा अजर–अमर–शाश्वत जग, वसन जीर्ण तन निज त्यागे।
सुभग सलोना पुनः जीवन पा, पुनर्सदगम्य पंथ अनुरागे।।
उपवासों से कोटि दूर पग, राष्ट्र हित न सुधा–पिपासा।
स्वतंत्रता बस लक्ष्य एक ही उर, मुक्त भारति! यह उर आशा।।
निरत स्वार्थ की पीड़ा को अब मंत्र सिखाने आया हूँ।।११।।

यायावर बन बिना कमंडलु, झोली भभूत प्राणों की।।
अडिग–विरक्त भगवा विहीन तन, तपसी न चिंता बाणों की।।
मातृभूमि के आह्वान पर, क्षण में जीवन बलिहारा।
वैचारिक धन–बन उमड़ घुमड़, बरसाते जग पथ धारा।।
धर्म–कर्म–व्रती कर्मठ योगी का मान बढ़ाने आया हूँ।।१२।।

संयम सन्मुख पापवृत्ति से दूर, सदाचार मधुर सफलता।
सर्वस्व त्याग प्रभुराष्ट्र हृदय बस शूल–फूल न उर विकलता।।
मुक्ति स्वयं की नहीं मुक्त हों सभी, तभी हृदय की प्यास बूझे।
ग्रासित जन में निज का ही चिंतन। तब भर पर सुखहित जूझे।।
बलिदानी की पुण्य समाधि पर, दीप जलाने आया हूँ।।१३।।

शोणित बिन्दु माथे की शोभा, क्रांति मंत्र की कर माला।
सदा निष्पाप वासंती चोला, राष्ट्रमुक्ति का हृदय छाला।।
चाह बसेरा तक की न हृदय, कहीं भी प्रकृति की गोदी।
कल की न सुधि राष्ट्र स्वाभिमान, चिंतन बस आहुति वेदी।।
योगी से भी वर सैनिक का, ध्यान लगाने आया हूँ।।१४।।

सती तरुण अनल के ताप को सकल सह क्षण कीर्ति अमाप।
पर बलिदानी की धर्मिणी तप, धूप सुवास न अतः विलाप।।
पल तंद्रा भोर भनक पदचाप, सत्वर सजग फण अवनि भाल।
लक्ष्य वेध श्रद्धा फलीश्रुति घात, कंटक सेज सेवा उर माल।।
भोगी क्या? बल जोर बीर का, सूर्य उगाने आया हूँ।।१५।।

छोटा घर स्मृति में बारम्बार, पंकज तड़ाग शीतल छांव।
मां के पय की लाजहित अर्पित चाहे रज कण वक्ष न पांव।।
राष्ट्र प्राण सुख मूल भाल के, साष्टांग चरण में अंतिम।
मातृभूमि के लिए समर्पित, आलिंगन कुल तज पथ रक्तिम।।
योगी सैनिक की अरथी में, स्कंध लगाने आया हूँ।।१६।।

देशवासियो भूल कर भूल, न जाना कभी वीरों को।
मातृभूमि के लिए न्योछावर, शत–शत सुभग शरीरों को।।
विजय पताका को कर में ले, स्वर्ग लोक को सुखद प्रस्थान।
नर–वर–दानी के चरणों में, शत बार साष्टांग प्रणाम।।
जिस मातृभूमि से प्राण संभव, वचन निभाने आया हूँ।।१७।।

जीवन की तरूण स्वर्णिम घड़ियां, सब विहंसि रण वारी।
घोर कंटको की राहों पर, सजग अहर्निश अथक प्रहरी।।
समर में डटे अडिग अंत तक, जब तक शोणित बूंद शेष।
''जगराम'' 'जननि के चरणों में' कोई चाह न उर विशेष ।।
योगी सैनिक की समाधि पर, शीश झुकाने आया हूँ।।१८।।

तापहारिणी तुलसी...

यह ताप हारिणी तुलसी।।
निरोग कर दे जीवन को,
अमरता दान दे सबको।
मिटा दे घोर तापों को,
खिला दे मन के पुष्पों को।।
जला दे सोम दीपों को,
यह ताप हारिणी तुलसी।।१।।

मलयागिरि के चंदन सी,
जिसके महक अंग–अंग में।
संकटों की घड़ी में स्वयं,
यह संजीवनी पग–पग में।।
निराशा की कुराहों में।।
प्राण की बांह डग–डग में।
अक्षुण्ण पीयूष का भंडार,
जिसके सुभग दीप्ति रग में।।
हरे सकल दुख घावों का,
धरे सिर छत्र उछाहों का
करे संचार प्राणों का,
यह ताप हारिणी तुलसी।।२।।

इसके सोम बीज से ब्रहम–
चारियों का बल हो अक्षय।
इसकी पत्तियों से रोगी,
पूर्णतया हो जाये अभय।।
इसकी डाली की माला,
जैसे हो साक्षात मलय।
इसके कोटि–कोटि गुण से,
सारा जग हो पूर्ण निर्भय।।
देती राम की अटल भक्ति,
देती जग की अजेय शक्ति।
देती वर मोक्ष का इच्छित,
यह तापहारिणी तुलसी।।३।।

भ्रष्ट हो जाये जब कोई,
कभी अन्यायी राहों में।
बना ले राह जीवन की,
स्वयं ही दुर्गम कुराहों में।
प्रत्येक पग दीप सा पत्थर,
शरण स्नेह की बाहों में।।
समा–ले निज की गोद में,
जैसे स्वांसा आहों में।।
भरे आनंद आंगन में,
भरे वैराग्य जीवन में।
भरे हरिनाम आनन में,
यह तापहारिणी तुलसी।।४।।

जिस घर में हो तुलसी मां,
वहां न संताप हो कोई।
नव चैतन्य हो घर–घर में,
धर्म पालक हों सब कोई।।
धन से हों भरे भण्डार,

जैसे उदधि अंगड़ाई।।
गोधन हो सानंद उन्नत
जैसे ऊषा तरुणाई।।
करे कल्याण जनजन का,
करे उद्धार हर मन का।
बने अवलंब जीवन का,
यह तापहारिणी तुलसी।।५।।

यह नवनिधियों की थाती,
यह आत्मोत्सर्ग की बाती।
यह समर्पण की परिपाटी,
यह भोर प्राण की ज्योति ।।
यह पहिचान मातृ–भू की
यह धन–धान्य मातृ–भू की।
यह चेतना मातृ–भू की,
यह प्रेरणा मातृ–भू की।।
दे निष्प्राण को नव जीवन,
जैसे प्यासे को सावन।
प्रकृति का अतुलित आकर्षण,
यह तापहारिणी तुलसी।।६।।
यह पुरूषार्थ भरत भू की,
यह शुभ तीर्थ भरत भू की।
यह परमार्थ भरत भू की,
यह सत्यार्थ भरत भू की।।
यह दिव्य श्री शक्ति हिन्दू भू की,
यह दिव्य विधि शक्ति हिन्दू भू की
यह दिव्य शिव शक्ति हिन्दू भू की,
यह सिद्धि शक्ति हिन्दू भू की।।

करे उत्थान सकल जन का,
करे क्षण त्राण तम घन का
करे संवर्धन प्राणपण का,
यह तापहारिणी तुलसी।।७।।
सनातन राष्ट्र की आत्मा,
सनातन राष्ट्र की संस्कृति।
सनातन राष्ट्र का गौरव,
सनातन राष्ट्र की उन्नति
ऋषियों की तपोसाधना,
शूर–वीरों की भावना।
जन जन की नूतन कल्पना,
जगती की अनुपम रचना।।
यह चिर अतीत का गौरव,
यह स्वाभिमान का वैभव।
यह सुभग गात का सौष्ठव,
यह तापहारिणी तुलसी।।८।।
जग में जीवन हो सार्थक,
यही बस कामना उर में।
हृदय हो भक्तिभाव अविरल,
जैसे आभा दिनकर में।।
फूटें उपकार के अंकुर,
जैसे समर्पण तरुवर में
लगे हर श्वास परहित में,
यही ज्योति हो अंतर में।।
बने ''जगराम'' की श्वांसा,
बने दिव्य ध्येय की आशा।
बने आचरण की भाषा,
यह तापहारिणी तुलसी।।९।।

चंदन धूल भारत की...

पावन कर दे हर तन को, पुलकित कर दे हर मन को।
महका दे यह आंगन को, ठुमका दे यह सावन को।।
चमका दे यह आनन कां, यह चंदन धूल भारत की।।१।।

महिमामयी जगत जननी, गौरवमयी धरम धरनी।
कल्याणमयी सुभग तरनी, वैभवमयी सुफल करनी।।
समष्टि के हृदय की आशा, शाश्वत प्राण की स्वांसा।
प्रबलतम भोर उच्छ्वासा, जीवन का बेधड़क पासा।।
उदधि में ज्वार का संबल, गगन में नीर का बादल।
अवनि में प्राणमय हलचल, यह चंदन धूल भारत की।।२।।

भानु का तेज पुंज इसमें, चांद का सोम रस इसमें।
तारों की हंसी इसमें, दिवस की सजगता इसमें।।
पवन का मधुप्रणय इसमें, पावस का आनंद इसमें।
दामिनी सी मुस्कान इसमें, स्वर्ग मोहनी महक इसमें।।
छल–छल मधुप्रीति का सिंचन हृदय का प्रणय आलिंगन।
अमिट चिरमातृवत बंधन, यह चंदन धूल भारत की।।३।।

यह शाश्वत धर्म की जननी, यह सृष्टि के मंत्र की जननी।
यह देवी–देव की जननी, यह ऋषि मुनियों की जननी।।

यह धर्मवीरों की जननी, यह कर्मवीरों की जननी।
यह व्रतधीरों की जननी, यह रणवीरों की जननी।।
यह चिरंतन राह संस्कृति की, यह तो भव थाह दर्शन की।
यह पहिचान स्वजीवन की, यह चंदन धूल भारत की।।

यह तो ब्रह्म लोक ब्रह्मा का, यह तो कैलाश शंकर का।
यह तो बैकुण्ठ श्री हरि का।। यह स्वर्ग लोक सुरेश्वर का।।

यह भागीरथी का रहस्य, यह रवि तनया का महात्म्य।
यह इतिहास का भवितव्य, यह नित भोर का संभाव्य।।
यह परमार्थ की बाती, यह पुरुषार्थ की थाती।
यह आत्मोत्सर्ग की छाती, यह चंदन धूल भारत की।।

यह गांभीर्य सागर का, यह तो विस्तार अंबर का।
यह अतुलित धैर्य अवनि का, यह संभ्रम सत्य अंतर का।।
यह ममतामय पय पुकार, यह मधु नेहमय उपहार।
यह तो सर्वस्वमय बलिहार, यह निस्वार्थ मय उपहार।।
यह तो मातृत्व की गोदी, यह पितृत्व की अक्षय झोली।
यह मातृत्व की मधु बोली, यह चंदन धूल भारत की।

यह नारीत्व की महिमा, यह नरश्रेष्ठ की गरिमा।
यह अटल ध्येय की प्रतिमा, यह शरद की शुभ्र पूर्णिमा।।
यह विपदा में सच्ची मीत, यह सुविधा में सच्ची नीति।
यह तूफान में दृढ़ भीत, यह वसुधा की निश्छल प्रीति।।
यह समष्टि का अटल आसय, यह चिर शांति का आलय।
यह दृढ़ विश्वास का आश्रय, यह चंदन धूल भारत की।।

जो इसको भक्ति से पूजे, वह भव से मुक्त हो जाये।
इसका गान जो गाये, वह जग में अमर हो जाये।।
इसकी अर्चना में मोक्ष, इसकी वंदना में मोक्ष।
नित आराधना में मोक्ष, इसकी प्रार्थना में मोक्ष।।
दे "जगराम" को इच्छित वर, भर दे गोद नव उपहार।
कर दे जन्म जग साकार, यह चंदन धूल भारत की।।

गर्वोन्नत धवल हिमगिरि...

यह गर्वोन्नत धवल हिमगिरि।।

धवलता की पराकाष्ठा,
महानता की परम आस्था।
गुरुता की क्षितिज यात्रा,
सजगता की अमिट गाथा।।
युग–युग से सिद्वि दाता,
यह सर्वोन्नत धवल हिमगिरि।।

वसुधा का अतुलनीय रत्न,
अतीत का अप्रतिम प्राकट्‌य।
निशीथ का निमग्न आगार,
ऊषा का चपल मन सादृश्य।।
तपस्या–मोक्ष का मुक्त द्वार,
आश्रय की सोमरस धार।
मैत्री–करुणा का आगार,
मुदिता–उपेक्षा की धार।।
यह अमिट मान का सम्मान,
यह आदि नूतन पहिचान।
यह जड़ चेतन का उत्थान,
यह गर्वोन्नत धवल हिमगिरि।।

ऊषा की रश्मियां जब धवल,
गात पर सोम बरसाती।
परहित–हित प्रभा को छीन,
अर्पित रत्न बटी वीर्यवति।।
नव निधि दाता होकर भी,
स्वयं अलिप्त–विरक्त शांत यती।
उद्यत कर्म योगी स्वयं अडिग,
भीष्मप्रतिज्ञा हो ध्येय व्रती।।
यह त्रिविष्टप की पवित्र भूमि,
यह ऋषियों की तपोभूमि।
पुरुषार्थियों की कर्म भूमि
यह गर्वोन्न्त धवल हिमगिरि।।

योगमय धाम शंकर का,
अपितु वंद्य सर्वतोभावी।
अलौकिक साम्य जीवन का,
अपितु भीषण असंभावी।।
सर्वदिक शांति की संप्रेरणा,
अपितु सिंहनाद परिपूर्ण।
कल्याण मूर्तिमंत दयालु–
अपितु कठिन अगम्य अपूर्ण।।
अवधड दानियों में श्रेष्ठ,
अपितु अतिशय धनिक सचेष्ट।
मरण–कारण अपितु दाता,
यह गर्वोन्नत धवल हिमगिरि।।
बत्कल धारियों में एकेव,

दिगम्बर की अजर पहिचान।
हिमांशु धारियों में प्रवर,
स्वभाव उग्र तरुण विवस्वान।।
विशालता का चिर आदर्श,
उच्चता का परम आकृष्ट।
मोक्ष का एकमेव गंतव्य,
गांभीर्य का सोम स्वर्ण पृष्ठ।।
उन्नत भाल से आभूषित,
विश्व मानदण्ड से शोभित।
अखण्ड कर्ममय से पूरित
यह गर्वोन्नत धवल हिमगिरि।।

यह सिन्धु की धृष्टता के दण्ड
स्वरूप जल जग को देता
किंचित मात्र का आनंद
जो स्वयं कभी नहीं लेता।।
रवि के प्रचण्ड करों से जब,
सनातन देव जल उठता।
तड़पते विकल कंठो में,
निज तन गला नीर भरता।।
मोद की भेंट गंगा सिंधु
यमुना करती जीवन इन्दु।
भोर की रश्मियां सोमबिन्दु,
यह गर्वोन्नत धवल हिमगिरि।।

यह प्रकृति का सजग प्रहरी
प्रहारों से बना प्रस्तरी।
पश्चिम की आंधी बर्फानी,
सहज विष सी कण्ठ उतरी।।
सुभग तन को बना हिममय,
करे रक्षा दधीचि बनकर।
दक्षिण का सिन्धु जब मेघवन,
लांघने को व्यग्र उड़कर।।
लज्जित अनुनय विनय सन्मुख,
किन्तु मन मार कर हो विमुख,
व्यथित पुनः नीर को उन्मुख,
यह गर्वोन्नत धवल हिमगिरि।।

यह भारति! का उन्नत भाल,
यह अरि के लिए महाकाल।
यह तो बंधुत्व का प्रमाण,
यह तो भोर का रवि लाल।।
यह तो भेद हित प्राचीर,
यह तो साधना का तीर।
यह स्वाभिमानी शुभ्र चीर,
यह पथहीन अविचल धीर।।
यह भव सिंधु बीच तरनी,
यह सत्कार्य की पुण्य धरनी।
यह नव प्राण की निर्झरणी
यह गर्वोन्नत धवल हिमगिरि।।

पावन गात गला करके,
सकल सृष्टि को विहंसि पाला।
संचय शेष न कोई निधि,
सर्वस्व हुति, शेष कर माला।।
तिल तिल जल सुदीप वर्ति सा,
समर्पित सर्वस्व निज वृद्धि समृद्वि।
परहित भेंट जीवन सुमन,
मुख बस, जय जड़ चेतन सृष्टि।।
अटल सौभाग्य वसुधा का,
अजेय सामर्थ्य वसुधा का,
आदि इतिहास वसुधा का,
यह गर्वोन्नत धवल हिमगिरि।।

स्वयं विषपान मंथन का,
बिखेरा चहुंदिशि सोमरस।
समदृष्टि—समवर्ति समर्पण से,
लगाया कंठ, बन समरस।।
अमोध नवनिधियों को स्वयं
लुटाया विमुक्त हाथों से।
सुख दुख में बन सच्चे मीत,
बचाया शीत घातों से।।
जय हो मूक श्रेष्ठ ऋषिवर,
जय हो अक्षय निधि के विवर।
जय हो ''जगराम'' दान स्वर,
यह गर्वोन्नत धवल हिमगिरि।।

धर्मयुद्ध आरम्भ करो...

उठो धरा के श्रेष्ठ धनुर्धर अरिदल का संहार करो।
कुरुक्षेत्र के महासमर में, अब न और विचार करो।।
जिसे अपना समझ रहे हो, वह शत्रु बनकर आया है।
जिस पर सर्वस्व लुटा रहे हो, वह सिर पर चढ़ आया है।।
पलक उठा देखो तो सन्मुख, किस–किसने शस्त्र उठाए हैं।
कौन–कौन रुधिर पीने को, आतुर हो ललनायें हैं।।
मोह निशा से त्याग परंतप। गांडीव ले संधान करो।।
क्यों व्यर्थ ही कायरता की, कलंकी चादर ओढ़ रखी।
धर्मभीरू बन कर जीवन की, क्यों ध्रुव प्रतिज्ञा छोड़ रखी।।
जीवन की सच्ची सार्थकता, को धनंजय। पहिचान उठो।
अपनों या परायों में कर–भेद दिव्यास्त्र सम्हाल उठो।।
आज यहां न कोई तेरा, शत्रु मित्र की पहिचान करो।।
भूल गये क्या धर्म व्याख्या, जो शास्त्रों ने सिखलाई।
भूल गये क्या कर्त्तव्य यात्रा, जो धर्मज्ञों ने बतलाई।।
भूल गये क्या वीर पुरखों, के बलिदानी पौरुष को।
भूल गये क्या वह पूर्व की, अपनी अखण्ड प्रतिज्ञा को।।
व्यर्थ न खोओ पार्थ! समय अब, कालजयी शक्ति प्रहार करो।।
भीम को विष देने वाली, घटना को क्या भूल गये।
मृत समझ गंगा में फेंकने, की घटना क्या भूल गये।।
लाक्षागृह में विश्वासघात, की घटना क्या भूल गये।
द्यूत क्रीडा में छल–कपट, की घटना क्या भूल गये।।
प्रतिशोध की ज्वाला बनकर, अधर्मियों का संहार करो।।

क्यों द्रोपदी के चीरहरण, की घटना क्या भूल गये।
वनवास और अज्ञातवास की घटना क्या भूल गये।।
भिक्षुक बनकर भीख मांगने की घटना क्या भूल गये।
विवशता में भेष बदलने की घटना क्या भूल गये।।
घोर अपमानों के बदले, में रिपु का सर्वनाश करो।।

इन्द्रप्रस्थ के बदले में जब, पांच गाँवों को ही मांगा।
पांच गांव तो दूर रहे, बस रहने को घर मांगा।।
सूई नोक भी भूमि मिले न, यह घटना क्या भूल गये।
संकट में धर्म न त्यागा, यह घटना क्या भूल गये ?
सौगंध द्रोपदी के केशों, की रण में शंखनाद करो।।

ये वही अनुज जिसने कृष्णा को नग्न बैठाना चाहा।
जननी सी भाभी को जिसने, पग से ठुकराना चाहा।।
ये वही जिसने केश पकड़, कर स्वयं घसीटना चाहा।
ये वही अनुज जिसने निर्लज्ज हो चीर खींचना चाहा।।
अत्याचारी का शीश कुचल, कर नारी का मान करो।।

ये वही 'भीष्म' जिनके सन्मुख पांडवों की दुर्दशा हुई।
ये वही 'द्रोण' जिनके सन्मुख अब तक घोर अनीति हुई।।
ये वही ''कृपा'' जिनके सन्मुख कुल परम्परायें भंग हुई।
ये वही सब परिजन पुरजन, जिनकी संवेदना मृत हुई।।
झूठी मर्यादाओं के बंध, में बधे सब को मुक्त करो।।

जिनके लिए बहाते आंसू, उनके उर में अंगारे।
जिनके लिए बिछाते आंचल वे भुजंग बन फुफकारे।।
जिनसे शुभाशीष की इच्छा, वे सब प्राणों के प्यासे।
जिनसे आलिंगन की इच्छा, वे सब शोणित के प्यासे
हित–अनहित पहिचान, परंतप क्षत्रिय धर्म का निर्वाह करो।।

जिनके चरणों में यह मस्तक, रखने को अति आतुर हो।
जिन पर अपना सर्वस्व समर्पित करने को अति व्याकुल हो।।
जिन पर निश्छल नेह उमड़ता, वे यमदूत भयंकर सब।
जिनके लिए रण विमुख धनंजय वे कपटी अत्याचारी सब।
केसरिया बाना पहन कर महाप्रलय का नाद करो।।

परंतप ! हत्या करने वाले, अपने कैसे हो सकते।
ताप! आग लगाने वाले, अपने कैसे हो सकते।।
सखे! शोणित पीने वाले, अपने कैसे हो सकते।
पापों ! चीर खीचंने वाले, अपने कैसे हो सकते।।
ये सब कपटी धूर्त धनंजय! इनका शीघ्र उद्धार करो।।

स्मरण धनंजय! अबलाओं पर हुए असह्य अत्याचारों को।
स्मरण धनंजय ! गौ विप्रों पर, हुए उन जघन्य प्रहारों को।।
स्मरण परंतप! मानवता पर, हुए दारुण अपमानों को।
स्मरण कौन्तेय ! पांडवों पर हुए अगणित तिरस्कारों को।।
इन सबके वध कर दो सत्वर, अब बिलंब केहि काज करो।।

पार्थ ! तुम्हारी कहां प्रतिज्ञा, कहां तुम्हारा बल पौरुष।
कहां कालजयी पांचजन्य, कहां अजेय गांडीव धनुष।।
कहां द्रौपदि को दिये वचन, कहां अक्षय वरदानी शक्ति।
कहां गुरु की श्रेष्ठ धनुर्विद्या, कहां वीरव्रती अटल भक्ति।।
नाविक तुम्हीं धर्म नौका के, और न अधिक निराश करो।।

तुम्हीं कुंठित मर्यादाओं के, दूध–पूत के रखवाले।
तुम्हीं अपमानित नारी के, स्वाभिमान के रखवाले।।
तुम्हीं धर्म की दसों भुजाओं, के कौंतेय ! सच्चे प्रहरी।
तुम्हीं मानवता के घावों पर सोम की घटा पहरी।।
लाज तुम्हारे ही कंधों पर, दुत्कार या स्वीकार करो।।

तुम्हीं दिवस के तप्तदिवाकर घोर तिमिर हरने वाले।
तुम्ही पूर्णिमा के धवल इंदु सुधा भेंट करने वाले।।
तुम्हीं आशा की अटल ज्योति, बस तुम्हीं आश्रय की गोदी।
तुम्हीं धर्म के एकमात्र रक्षक, बस तुम्हीं अनमोल मोती।।
अधर्मियों का शीश कुचलने वाला दृढ़ प्रतिकार करो।।

उठो धनुर्धर करो न देरी, अबला वाट निहार रही।
मोह जनित अकर्मण्यता को, क्षत्रियता भी धिक्कार रही।।
आज चूक गये जो अवसर, जीवन भर पछिताओगे।
पार्थ जीना तो दूर रहे, किन्तु न मर भी पाओगे।।
नव इतिहास के निर्माण में, तन–मन–धन बलिहार करो।।

उठो धनंजय प्रलय भानु से, अंधकार सब दूर करो।
उठो प्रलयी आंधी बनकर अरिदल चकनाचूर करो।।
चलो भूचाली गति लेकर, अरि का पूर्ण विध्वंस करो।
बढ़ो पार्थ ! गांडीव लेकर अत्याचारी का अंत करो।।
इस धर्मयज्ञ के कुरूक्षेत्र में निष्काम भाव से युद्व करो।।

सौगंध तुम्हें अपने पुरखों, की धर्म की स्थापना करो।
सौगंध तुम्हें अपने पौरूष, की वसुधा का ताप करो।।
सौगंध तुम्हें मां गौ गंगा की राष्ट्र का कल्याण करो।
सौगंध तुम्हें गांडीव धनुष की ''धर्मयुद्व'' आरम्भ करो।।
''जगराम'' दुष्ट की कारा से, मां भारती को मुक्त करो।।

अब श्वांस न और प्रतीक्षा को...

सूरज से सीखा है मैंने अंधियारे को दूर भगाना।
चंदा से सीखा है मैंने शुभ्र उजियारे को महकाना।।१।।
तारों से सीखा है मैंने मिलजुल करके जोर लगाना।
अम्बर से सीखा है मैंने परहित में निज सर्वस्व लुटाना।।२।।
सरिताओं से सीखा मैंने उपकारी बन तिल तिल जीना।
झरनो से सीखा है मैंने सुख–दुख में भी हंस हंस बहना।।३।।
कानन से सीखा है मैंने स्वकर्म फलों की भेंट चढ़ाना।
तरुओं से सीखा है मैंने दीन दुखी के प्राण बचाना।।४।।
शिखरों से सीखा है मैंने स्वाभिमान से जीवन जीना।
गिरि खोहों से सीखा मैंने सबको अपना मीत बनाना।।५।।
धरती से सीखा है मैंने, खाली झोली को भरना।
सागर से सीखा है मैंने मर्यादाओं मे बंध जीना।।६।।
पावस से सीखा है मैंने प्यासों को नीर सुधा देना।
निठुर शीत से सीखा मैंने, सबको निज गले लगा लेना।।७।।
तरल ग्रीष्म से सीखा मैंने, साधक बनकर तिलतिल जलना।
पतझड़ से योगेश्वर महान, वसंत से नव रचना करना।।८।।
कंकड़ कंकड़ से सीखा मैंने, अविराम साधनारत रहना।
वारिकणों से सीखा मैंने, विपदाओं में आगे रहना।।९।।
दसों दिकों से सीखा मैंने, कर्त्तव्य पंथ पर बढ़ते रहना।
मलय पवन से सीखा मैंने, कंचन कंकड़ में सम रहना।।१०।।
प्रखर अनल से सीखा मैंने, अमल धवल जीवन कर देना।
सुरसरि से सीखा है मैंने, सब को मनभावन कर देना।।११।।

वेदों से सीखा है मैंने, जीवन को परमात्मा बनाना।
सद् ग्रन्थों से सीखा है मैंने, मानवता की लाज बचाना।।१२।।
ऋषि मुनियों से सीखा मैंने, नित परहित में जप तप करना।
रणवीरों से सीखा मैंने, पावन मातृभूमि हित मरना।।१३।।
चंदन से सीखा है मैंने सबको अपना बन महकाना।
सुमनों से सीखा है मैंने, अपना सब आनंद लुटाना।।१४।।
जगती के हर जीव मात्र से, सीखा जग में जीवन जीना।
वसुधा के हर कण–कण से भी, सीखा नींव का पत्थर बनना।।१५।।
जैसे बदली जान सकी थी, वसुन्धरा की हर पीड़ा को।
जैसे मां ही जान सकी थी, शिशु की उर धड़कन क्रीड़ा को।।१६।।
जैसे मधु ऊषा पुलक उठी, पाकर दिनकर का मधुर प्रणय।
जैसे रजनी खिलखिला उठी, पाकर इंदु सोम शयन अक्षय।।१७।।
जैसे प्यासा जान सका था, पानी की एक बूंद का मोल।
जैसे भूखा जान सका था, रोटी के एक टुकड़े का कौल।।१८।।
बस दृग के एक लघु हलचल से, चर–अचर सकल संचालित है।
और पलक की झपकी भर से, क्षण महाप्रलय संभावित है।।१९।।
हे सर्वेश्वर ! हे परमेश्वर ! हे जग के पालक–संहारक।
हे महासमर्थ जगत नियंता, चर–अचर सृष्टि के चिर उद्धारक।।२०।।
हे ईश ! पूर्ण कर मेरी अब, चातक की सी आतुर इच्छा को।
''जगराम'' जन्म सार्थक हो जग, अब श्वास न और प्रतीक्षा को।।२१।।

समर की मेदिनी...

समर की मेदिनी, रुधिर से सिंची।
घृणा की वारुणी, विंध्वस में हंसी।।१।।
प्रलय की रागिनी, खुलकर नाची।
समय की दामिनी, डर तड़ित प्राची।।२।।
शिशिर की हिम लहर का उन्मुक्त ह्रास।
तिमिर के अंधकार, का क्रूर फांस।।३।।
विनाश का ताण्डव, जर्जर आशा में
प्रयास फल खाण्डव, अंतर बाधा में।।४।।
तेजस्वी का अंत, संभावना लुप्त।
घोरतम दुर्गम पंथ संवेदना सुप्त।।५।।
सृजन ही आंचल, भोर प्रतीक्षा।
''जगराम'' का संबल निर्माण प्रतिष्ठा।।६।।

धो पाता यदि राजनीति के...

धो पाता यदि राजनीति के, पापों का कुछ शोणित।
तो परम शांति का साधन बन, करती मन को मोहित।।१।।
रख पाता यदि राजनीति को, कठोर अनुशासन में।
तो स्वप्न साकार अश्वय होता, बस इसी जीवन में।।२।।
धर पाता यदि राजनीति के सिर के ऊपर धर्मदण्ड।
तो राम राज्य पुनः आ जाता बन कर के भानु प्रचण्ड।।३।।
कर पाता यदि राजनीति को, अपनी मुट्ठी के अंदर।
तो जीवन में कभी न रहता, लेशमात्र भी अंतर।।४।।
ला पाता यदि राजनीति में, पूर्ण सात्विक परिवर्तन।
तो पथ में नव सुमनों द्वारा, होता मधुर अभिनंदन।।५।।
रहो सुदूर पर पास न रहो, यही अंतर जो रहा सर्वदा।
तो ''जगराम'' जीवन में कभी, न आये घोर विपदा।।६।।

पृथ्वी हो साम्राज्य नेह का...

पृथ्वी हो साम्राज्य नेह का और ममता का हो आंचल।
पृथ्वी हो भण्डार सुधा का और सावन का हो बादल।।१।।
पृथ्वी हो आधार कर्त्तव्य का और स्वधर्म का हो अभिमान।
पृथ्वी हो आगार संस्कृति का और वसंत का हो परिधान।।२।।
पृथ्वी हो सुप्रभात सृजन का और सुमन का हो श्रृंगार।
पृथ्वी हो गोदी जननी की और हृदय की हो झंकार।।३।।
पृथ्वी हो आह्वान भोर का और जागरण का हो घोष।
पृथ्वी हो विवस्वान गगन का और विजय का हो संतोष।।४।।
पृथ्वी हो स्वर्ग से भी पावन और नव निधि का हो अंबार।
पृथ्वी हो सौंदर्य भुवन का और परम मुक्ति का हो द्वार।।५।।
पृथ्वी हो पूर्ण त्याग समर्पण और यज्ञ संस्कार की वेदि।
पृथ्वी हो ''जगराम'' साधना और सृष्टि की हो महादेवि।।६।।

शोणित कभी-कभी पीती है...

शोणित कभी कभी पीती है स्वतंत्रता की देवी।
आहुति कभी कभी लेती है स्वतंत्रता की देवी।।१।।
घोर अमा का अंधकार जब अपना विष फैलाता।
विपदाओं के बादल बनकर कंटक जाल बिछाता।।२।।
असमय जीवन दीप बुझा जब नव स्वप्नों को हरता।
पथ में शूलों को उपजा जब प्राण हीन सा करता।।३।।
अत्याचार की प्रचण्ड आंधी जब ताण्डव दिखाती।
महाप्रलय की विभीषिका जब विध्वंसक रूप दिखाती।।४।।
निशा–निराशा में आशा का तभी करुणिम आह्वान।
महाविनास में सुप्रभात का महाप्रचण्ड विवस्वान।।५।।
कारा में वंदिनी जननी की बस अंतिम उत्कट इच्छा।
रिपु का संहार बंधन से मुक्ति ''जगराम'' अंत स्वर्गेच्छा।।६।।

सबसे बड़ा धर्म है नर का...

सबसे बड़ा धर्म है नर का अंधकार में दीप जलाना।
सबसे बड़ा कर्म है नर का गंगा को धरती पर लाना।।१।।
अपनी त्याग तपस्या से ही, पावन स्वर्ग धरा पर लाना।
जीवन दीप अखण्ड जलाकर, पंथ का तम दूर भगाना।।२।।
घोर ताप स्वयं ही सहना, किन्तु दुखियों को अमृत दान।
भूखे पेट स्वयं सो जाना, पर भूखों को पूरा धान।।३।।
कांटों की सेज स्वयं सोना, सुमन सेज भेंट दीनों को।
दुर्गम पथ स्वयं हंस चलना, सुगम्य पथ वंचित हीनों को।।४।।
स्वयं पर्णकुटी में जीवन जीना, पतितों को कनक महल डोर।
स्वयं घोर तम का नर्क सहना, भूले भटकों को नव भोर।।५।।
परहित में सर्वस्व न्योछावर, की उर हो निष्काम भावना।
हे प्रभु ! दो वर यही जिससे–''जगराम'' की हो सिद्ध साधना।।६।।

हृदय सागर मथित होकर...

हृदय सागर मथित होकर, कभी जब डोलता है।
महाज्वालामुखी बनकर, कभी जब खौलता है।।१।।
महाकाल का त्रिशूल ले, कभी जब दौड़ता है।
दामिनी की चमक बनकर, कभी जब कौंधता है।।२।।
मेघ की घोर गर्जना बन, कभी जब गरजता है।
काल सा विकराल बन मुँह, कभी जब फाड़ता है।।३।।
विध्वंस के खंडहर बनकर, कभी जब बिलखता है।
सर्वनाश की व्यथा बनकर, कभी जब सिसकता है।।४।।
महाप्रलय मानो सुनिश्चित, निमेष न अवशेष कोई।
स्वप्न छवि क्रूर परिवर्तन की, स्वप्नवत न आश कोई।।५।।
तब भाव का नव ज्वार, अंतः नव सृजन की कामना।
''जगराम'' जन्म सफल तब, जब उर लोकहित भावना।।६।।

कंचन को नर साध्य नहीं...

कंचन को नर साध्य नहीं, केवल शोभा अवलंवन।
चकाचौंध का विस्मित बंधन, मिथ्या सुरभि पंथ प्रलोभन।।१।।

अनंत महत्वाकांक्षाओं, की विषस्तनी बांझिन जननी।
निरा निपूती कटु विस्मयी, घोर निशा सी छद्म करनी।।२।।

ममता रहित पाषाण उर, करुणा मुरझाये अंकुर।
नेह हीन मृत नयनो दधि, स्वयं वात्सल्य दग्ध श्वासाफुर।।३।।

अपनत्व का सम्पूर्ण अभाव थार का सा निर्मम स्वभाव।
सूखी सरिता की आशा नीड़, हीन पथ असह्य घाव।।४।।

विपदाओं में भी पतझड़, मृग मरीचिका बीच भंवर।
निपट निराशा आलिंगन महाकाल का शीश चंवर।।५।।

बस क्षणिक भौतिक आनंद, षडरिपु पतनोन्मुखी प्रबंध।
घोर अशांति का आंचल ''जगराम'' भोग विषय दुर्गन्ध।।६।।

सांझ हुई उड़ चले विहग सब...

सांझ हुई उड़ चले विहग सब, अब अपनी भी आयी बारी।
कार्य हुआ सब पूर्ण यहां का, और अंत की करो तैयारी।।१।।
कोई कार्य न शेष रहा अब, तिल तिल जल कर पूर्ण किया सब।
किंचित शेष न जीवन का अब, हंस हंस कर भेंट किया सब।।२।।
बंधन से मुक्त अब स्वच्छन्द खग सा, कर्त्तव्य से च्युत अब शून्य नभ सा।
पूर्ण हुआ जो संकल्प लिया था, स्वतंत्र हो गया निस्तब्ध डग सा।।३।।
व्यर्थ यहां के सब मोम बंधन, उर मोह भी तो किसके लिये।
शूल से यहां के सभी सुमन, आंसू भी तो किसके लिए।।४।।
बहुत हो चुका, अब अंतिम नमन, वहां हो रही होगी प्रतीक्षा।
अच्छा अब तो तब भेंट होगी, जब भगवान की होगी इच्छा।।५।।
हे प्रभु! चल पड़ा हूँ पंथ पर, अब तो बस तुम्हीं एक सहारा।
क्षमा करो इस बार भी नाथ, "जगराम" को दो अब किनारा।।६।।

जिसका मन ऊँचा होगा...

जिसका मन ऊँचा होगा, वह विजय वरण करेगा।
जिसका संकल्प सच्चा होगा, वह गगन चरण धरेगा।।१।।

हार जीत संभव होती, अंतर की गहराई पर।
सुधा मीत संभव होती, मंथन की अंगड़ाई पर।।२।।

स्वप्नों का सिंहासन भी तो, साधना से ही मिलता।
प्रयत्नों का प्रतिफल भी तो, कर्म योग से ही फलता।।३।।

चरैवेति महामंत्र ही, गंतव्य का शुभालिंगन
स्वर्णिम अतीत का स्मरण ही, संबल अंतर अकिंचन।।४।।

गगन उड़ान भरो सर्वदा, साहस कभी मत हारो
पूर्ण प्रयास करो सर्वदा, फल की ओर न निहारो।।५।।

अक्षय सुख की इच्छा हो, तो सर्वस्व भेंट चढ़ाओ।
तिलतिल जल कर दीपक सा, सबको सुपंथ दिखाओ।।६।।

साधना पूर्ण हो जाये, यदि संकल्प आत्महवन का।
''जगराम'' पूर्ण हो जाये, चिर ध्येय स्वयं जीवन का।।७।

एक चिंगारी कहीं जागी...

एक चिंगारी कहीं जागी, तो समझो विनाश निश्चित।
एक भी आंधी कहीं आई, तो समझो प्रलय सुनिश्चित।।१।।
एक फुलवारी कहीं रोयी, तो समझो पतन भावी।
यदि परछाई कहीं रुठी, तो समझो मृत्यु संभावी।।२।।
एक भी डाली कहीं टूटी, तो समझो प्रमाण अवश्य।
एक भी माली कहीं रूठा, तो समझो अवसान भव्य।।३।।
पंथ में भी यदि कंटक मिले, तो संकट हार समझो।
उर में भी अंतर मिले, तो विकट संघर्ष समझो।।४।।
किंचित उपेक्षा फल भयंकर, भूचाल ज्वार निरन्तर।
किंचित विवशता ध्येय अंतर, प्रवाह की प्रगति निरुत्तर।।५।।
यदि चिर साधना भंग हुई, तो समझो अंतिम प्रयास।
यदि संभावना मृत हुई, तो समझो मुक्त आभास।।६।।
चेतना का स्रोत अविश्रांत, सजगता अविच्छिन्न अप्रतिम।
''जगराम'' अंतः संवेग अखंडित, मूर्ति मंत नव स्वप्न स्वर्णिम।।७।।

जब तक है नर के नयनों में...

जब तक है नर के नयनों में, शेष व्यथा का पानी।
तब तक है बृथा सर्वोन्नति, सपनों की विमुक्त कहानी।।१।।
अंधकार का नाम मात्र भी, शेष न रहने पाये।
हृदयों की शून्यता खंडित, अविराम न चलने पाये।।२।।
दुख दैन्य महोदधि का क्रूर, प्रवाह संपूर्ण विखण्डित।
घोर अशांति जयगान विवस, स्तंभित और अचंभित।।३।।
सबल पशुत्व का महाज्वार, गतिहीन विवश निष्प्रभावी।
जड़त्व परिधान जीर्ण शीर्ण, निष्प्राय परिवर्तन संभावी।।४।।
कुसंस्कारों का सरस्वती प्रवाह, सुप्त विलीन महातल।
आडम्बर की पश्चिम बयार का, तेज हीन अरुणाचल।।५।।
अज्ञानता के क्रूर ताण्डव का, अवश्य अवसान दुखद।
अविद्या के फल स्वरूप मिथ्या, कर्मकाण्डों का अंत सुखद।।६।।
धर्म, संस्कृति, सभ्यता का अवलंबन, यज्ञ का एकमेव सफल।
''जगराम'' सर्वोन्नति सुनिश्चित, नयन साकार भोर कमल।।७।।

संभ्रम के झंझावातों में..

संभ्रम के झंझावातों में, अंतर के चिरदीप बुझ रहे।
चीर तिमिर के अंतःस्थल को, दीपदान को दीप बढ़ रहे।।१।।
अतृप्त तृष्णा तृप्त साधना, से दिगन्त मुदित व्यथित हो रहे।
संवननी चाह घाट तीर पर, नेह हीन तरुमूल हंस रहे।।२।।
तुहिन सिंधु के उन्मीलित पलक, बस झलक मधु बाट जोह रहे।
आलिंगन को ज्वार उदधि उर, अंतः विछोह का शोक हर रहे।।३।।
अप्रत्याशित फल विस्मित आशा, के स्वप्नों की माल गूंथ रहे।
आह्लादित दृग व्यग्र उद्भव व्रत, पावस से अविश्रान्त झर रहे।।४।।
प्राची का रक्तांबर चीर, स्वयं तिमिरारि क्षितिज मथ रहे।
संकट घोर घटा के ताण्डव, को बलहीन निष्प्राण कर रहे।।५।।
अंतर आश सुमन स्वच्छन्द श्वास, के मृदंग स्वर निर्विघ्न बज रहे।
स्वातंत्र्य की उन्मादिनी बाहों, की मधुरस में सुमन खिल रहे।।६।।
सुरभि सुगंधित सुभग गात स्पर्श, नव सृजना के मोद पल रहे।
ममता समता ऐक्यदिव्य ज्योति, समिधा बन ''जगराम'' जल रहे।।७।

बुद्धि शासिका थी जीवन की...

बुद्धि शासिका थी जीवन की, क्षीर नीर का महामंत्र।
हित अनहित की निर्झरणी सी, संचालित विमूक तंत्र।।१।।
अरुण भोर की तुहिन कल्पना, सलज्ज मुख की सजल व्यथा।
संक्रांति पर्व में संभ्रम का पथ, किंकर्त्तव्यविमूढ़ स्वयं बृथा।।२।।
घोर तम की असहज आहट, बस सन्मुख में निष्प्राण छत्र।
कारा की क्रूर अमिय फांस, परिवर्तन का निस्तेज सत्र।।३।।
अरुण वरुण की करुण व्यवस्था, संवेदना की शुष्क पलक।
तरुण प्रवाह की सुप्त अवस्था, साधना की अतृप्त ललक।।४।।
पालन पोषण मुक्त भाव से, सजल वासना से विमुक्त।
ममता का सहज तम सावन, आलिंगन में पूर्व उन्मुक्त।।५।।
सुधा गरल का साम्यमय स्वर, तदपि न शेष भ्रम का तम।
सर्वस्पर्शी–सर्वव्यापी नव दृष्टि, अंतर में छोह प्रबलतम।।६।।
पग पग पर कठोर नियंत्रण, मृदुल लता सा अवलंबन।
महासेतु जीवनोदधि का, ''जगराम'' सुधामय बंधन।।७।।

अपने वीर चरित पर तो मैं...

अपने वीर चरित पर तो मैं, गौरव अनुभव करता हूँ
हिमगिरि बनकर के सीमा पर, निरन्तर खड़ा रहता हूँ।।१।।
दीपक सा तिल तिल जल कर के, धूप अंधकार हरता हूँ।
और स्वयं ही गरल पान कर, पीयूष दान करता हूँ।।२।।
तरुओं सा उपकारी बनकर, सब कुछ भेंट चढ़ाता हूँ।
मानवता के लिए हंस हंस कर, जीवन दीप बनाता हूँ।।३।।
अटल सिंधु का महाज्वार बन, सदा बलिदान को आतुर।
चिर ध्येय के लिए पूर्ण समर्पित, आत्महवन को नित आतुर।।४।।
पुरखों की कठोर तपस्या से, यह जीवन सफल हुआ है।
उनके ही शत उपकारों से, यह जीवन सधन्य हुआ है।।५।।
जैसी मिली विरासत में यह, चिर थाती नव यौवन की।
उन्हीं चरणों में कृतज्ञता की, आहुति हो निज जीवन की।।६।।
ऐसे ही गंगा सी बहती, रहे सदा जीवन धारा।
''जगराम'' ध्येय के लिए समर्पित, हो जाये जीवन सारा।।७।।

जब तक भारती स्वतंत्र न होगी...

जब तक भारती स्वतंत्र न होगी, तब तक समर चलेगा।
जब तक रिपु का अंत न होगा, तब तक खड्ग चलेगा।।१।।

शंकर की समाधि डिग चुकी है, महाप्रलय करने को।
तीसरा नेत्र भी खुल चुका है, घोर तिमिर हरने को।।२।।

त्रिशूल उठा लिया है कर में, बस प्रहार करने को।
डमरू बजा दिया है रण में, बस संहार करने को।।३।।

पग भी बढ़ने को आतुर हैं, प्रचण्ड भूचाल बनकर।
चिर ध्येय के लिए चल पड़े हैं, प्रबल प्रतिकार बनकर।।४।।

महाअभिमान तभी रुकेगा, जब तिमिर सब हटेगा।
पूर्ण विराम भी तभी होगा, जब घोर घन छंटेगा।।५।।

ऐसा दिखाया समरांगण में, ताण्डव नृत्य भयंकर।
धूल में मिल गया स्वयं ही सब, शत्रु दल परास्त होकर।।६।।

क्षण में विजय ने चरण चूमें, जय ध्वनि गूंजी नभ में।
स्वर्ण सिंहासन बिठाया क्षण में, वंद्या बनाया जग में।।७।।

जननि मान स्वाभिमान समझो, स्मरण ही श्वास समझो।
गोदी को मोक्षधाम समझो, "जगराम" दास समझो।।८।।

युद्ध ही अब शेष आशा...

युद्ध ही अब शेष आशा, निराशा के शून्य पथ में।
शस्त्र ही अब शेष साधन, अन्याय के घोर तम में।।१।।

बहुत की शांति की पहल, परन्तु निराशा ही मिली।
नित्य की अनुनय विनय भी, परन्तु विफलता ही मिली।।२।।

प्रयास जब निष्फल हुए सब, आश जब मुरझा गई सब।
स्वप्न धूल में मिले सब, धैर्य के खंभे हिले सब।।३।।

अपमानों के अंधड़ में, मृत्यु की अनुभूति क्षण क्षण।
व्यंग बाणों के मेघ से, संकटों की झड़ी क्षण क्षण।।४।।

अब जीना हुआ दूभर, इस अंधेरे कोटर में।
ऐसे स्वर्ण से भस्म भली, चून से सुख चोकर में।।५।।

अपना राज होकर भी, पांच गांव भीख मांगे।,
भीख में मिला अपमान, और बन गये अभागे।।६।।

लुट गया सब कुछ क्षण में, विवश अब नाव अधर में।
प्रतिकार ही शेष संबल, और अब निर्णय समर में।।७।।

अपमान की आंधी में भी, हिमगिरि बन जो खड़ा।
परिणाम का जिसे न भय, "जगराम" वही तो लड़ा।।८।।

रवि का आगमन ही...

रवि का आगमन ही, तम पलायन सुनिश्चित।
व्रत का आचमन ही, भ्रम निवारण सुनिश्चित।।१।।
चंद्र का आगमन ही, ताप का अंत निश्चित।
तारों का दर्शन ही, परम आनंद निश्चित।।२।।
पावस की प्रीति ही, नव सृजन भाव निश्चित
शरद का सानिध्य ही, उमंग संचार निश्चित।।३।।
हेमन्त शिशिर का संग, काल आलिंगन निश्चित।
बसंत अनुभूति ही, विजय का पद निश्चित।।४।।
ग्रीष्म की ममता ही, समता का यज्ञ निश्चित।
प्रकृति की सुगंध ही, सबको सन्मार्ग निश्चित।।५।।
गंगा का स्पर्श ही बस, पाप का नाश निश्चित।
संतों का स्मरण ही, भव से पार सुनिश्चित।।६।।
अंतर कूट कुलष को, सत्संग बूंद पर्याप्त।
डगर संभ्रम पथिक को, दीप संकेत पर्याप्त।।७।।
आत्महवन भावना, जीवन यश सफलता।
''जगराम'' स्वधर्म सुधा,—सुमंत्र चिर अमरता।।८।।

कायरों की बात कर

कायरों की बात कर, मुझको जला मत आज।
रणभूमि में घात कर, मुझको छलो मत आज।।१।।
भोर को सांझ कह कर, मुझको ठगो मत आज।
दिवस को निशा कहकर, मुझको डरा मत आज।।२।।
निर्माण को ध्वंस कह कर, मुझको झरा मत आज।
उन्नति को पतन कह कर, मुझको डुबा मत आज।।३।।
अवनि को अनंत कह कर, मुझको नचा मत आज।
पवन को अनल कहकर, मुझको भगा मत आज।।४।।
सार को भार कह कर, मुझको दबा मत आज।
मोद को क्षोभ कह कर, मुझको हरा मत आज।।५।।
मनुज को दनुज कहकर, मुझको खिला मत आज।
कूट को सुधा कहकर, मुझको पिला मत आज।।६।।
यदि समर आ ही गया, तो मोह अब मत करो।।
यदि धनुष ले ही लिया, तो काल से मत डरो।।७।।
जन्म तो भाग्य से मिला, यह व्यर्थ बीत न जाये।
''जगराम'' सर्वस्य जीवन, सेवा में लग जाये।।८।।

विनय की नीति कायर की

विनय को नीति कायर की, सदा वह मानता है।
प्रलय को नीति साधन की, सदा वह मानता है।।१।।
विजय को नीति संभव की, सदा वह मानता है।
समय को नीति संयम की, सदा वह मानता है।।२।।
सीख को नीति प्रलाप की, सदा वह मानता है।
भीख को नीति घायल की, सदा वह मानता है।।३।।
शांति को नीति स्वभाव की, सदा वह मानता है।
क्रांति को नीति विस्तार की, सदा वह मानता है।।४।।
प्रीति को नीति समर्पण की, सदा वह मानता है।
रीति को नीति जड़ता की, सदा वह मानता है।।५।।
भोर को नीति जीवन की, सदा वह मानता है।
भंवर को नीति बंधन की, सदा वह मानता है।।६।।
नीति को हार संस्कार का, सदा वह मानता है।
ध्येय को सार जीवन का, सदा वह मानता है।।७।।
ध्येय हित आत्म–आहुति को मोक्ष वह मानता है।
लोकहित सर्वस्व अर्पण यही- ''जगराम'' मांगता है।।८।।

जमा पायी सत्ता के उर पर

जमा पायी सत्ता के उर पर, यदि हमने पूरी धाक।
तो कभी नहीं आने पायी, घोर अत्याचारी आंच।।१।।

गाड़ सत्ता के सिर पर, यदि अंगद सा दृढ़ पैर।
तो कभी नहीं स्वप्न में होगा, अपनों से ही कटु बैर।।२।।

लगा पाया सत्ता के मुँह पर, यदि हमने पूरा अंकुश।
तो कभी नहीं भेदभाव की, गंगा बहेगी निरंकुश।।३।।

रोक पाया सत्ता के कर को, यदि अधर्म कर्म करने से।
तो निर्दोष सब बच जायेंगे, अकारण ही मरने से।।४।।

बांध पायी सत्ता के पग में, यदि लोहे की जंजीरे।
तो ढहने से बच जायेगी, राष्ट्र की दृढ़ प्राचीरें।।५।।

नचा पाया सत्ता को भय से, यदि हमने एक पैर पर।
तो नाव पार लग जायेगी, भव सागर से तैर कर।।६।।

दिखा पायी सत्ता को रण में, यदि अभेद्य संगठन शक्ति।
तो स्वयं ही चरण चूमेगी, और करेगी नित भक्ति।।७।।

यदि अपनी संगठन शक्ति का, भय सत्ता को दिखला पाये।
तभी ''जगराम'' राम राज्य का, सपना पूर्ण हो पाये।।८।।

प्रतिहिंसा का दीप भयानक

प्रतिहिंसा का दीप भयानक, यदि जल उठा कहीं ह्रदय में।
जो समझो सर्वनाश सुनिश्चित, किंचित शेष न रहे प्रलय में।।१।।
शंकर का नेत्र तीसरा बन कर, जब स्वयं खुल जायेगा।
तत्क्षण सर्वस्व जल कर राख की, महाढेरी बन जायेगा।।२।।
महापरशु जब प्रलयंकर बन, रणभूमि में चमक उठेगा।
सहस्र का मूलोच्छेदन कर, ताण्डव तो तभी रुकेगा।।३।।
फूली–फली बगिया चंद की, राहु केतु बनकर उजाड़ी।
धन कुबेर को रंक बनाकर, दर–दर का बनाया भिखारी।।४।।
कल थी सिंहासन तैयारी, भोर ही वनवास मिल गया।
शुभ थी पूर्णिमा की बारी, अचानक अमातम घिर गया।।५।।
अपमान की चिंगारी को, रखा जीवन भर संभाल कर।
भोर तक बुझने नहीं दी, केशों की आहुति डालकर।।६।।
घर घर जलती रही होली, स्वार्थों और प्रतिशोधों की।
घर घर बहती रही धारा, विरोध और अवरोधों की।।७।।
जब जब प्रतिहिंसा दीप जला, तब तब धूप–अंधकार छाया।
और सम्पूर्ण सृष्टि उध्वस्त हुई, मानो कुऋतु पतझड़ आया।।८।।
प्रेम का दीप जला करके, घृणा का अंधकार भगाओ।
''जगराम'' लोकसृजन के लिए, अपना ''वामनपग'' बढ़ाओ।।६।।

दिनकर का साम्राज्य तभी तक

दिनकर का साम्राज्य तभी तक, जब तक बाहों में बल।
अनुशासन का मान तभी तक, जब तक हो योग प्रबल।।१।।

सामर्थ्य और शौर्य की पूजा, सर्वत्र हुआ करती है।
थाल सजा कर स्वयं सफलता, सन्मुख खड़ी रहती है।।२।।

उद्यम के आगे हाथ जोड़कर, गंतव्य स्वयं झुक जाता।
प्रभाव बिना ही अमृत का घट, लेकर दौड़ा आता।।३।।

साधना के चरणों में पंथ, स्वयं सुमन बन जाता।
निज जीवन की भेंट चढ़ाकर, यशोगान नित गाता।।४।।

तरुणाई के महाज्वार में, स्तंभ सभी हिल जाते।
पतझड़ की गोदी में सोये, सुमन सभी खिल जाते।।५।।

भूचालों के संकेत से ही, अवनि तक थर्रा उठती।
किंचित बल के किंचित प्रयोग से, पत्थर शिला तक झुकती।।६।।

प्रत्येक पग में अंगद का बल, काल का आत्मसमर्पण।
गति में अखण्ड संकल्प प्रवाह, महारण का आकर्षण।।७।।

प्रचण्ड तेज ही यशोगर्जना, तरुण प्रखरता सम्मान।
अखण्ड साधना ही नवोत्थान, नव सृजन का अधिष्ठान।।८।।

तन–मन–धन ये तीनों ही बल, चिर नींव के पत्थर हैं।
''जगराम'' महायज्ञ की सुंगध, और विजयी अंबर हैं।।६।।

जब तक मां का मान सुरक्षित

जब तक मां का मान सुरक्षित, तब तक परशु न उठाऊँगा।
जब तक मां की मांग सुरक्षित, तब तक रुधिर न बहाऊँगा।।१।।

नव जीवन की तरुण श्वासें, पूज्य मेरी मां ही तो है।
जीवन की उन्मुक्त अट्टहासें, पूज्य मेरी मां ही तो है।।२।।

आशाओं की शुभ्र चंद्रिका, पूज्य मेरी मां ही तो है।
कल्पनाओं की मधुतारिका, पूज्य मेरी मां ही तो है।।३।।

नव स्वप्नों का दिव्य संसार, पूज्य मेरी मां ही तो है।
पुण्य प्रयत्नों का शुभ संस्कार, पूज्य मेरी मां ही तो है।।४।।

घोर साधना की उत्कट लगन, पूज्य मेरी मां ही तो है।
नव प्रभात की मलय सुगंध, पूज्य मेरी मां ही तो है।।५।।

चेतना की संवेदना भी, पूज्य मेरी मां ही तो है।
प्रेरणा का अखण्ड प्रवाह, पूज्य मेरी मां ही तो है।।६।।

पूज्य मां के पावन–चरणों, का एक निष्ठावान दास हूँ।
पूज्य मां के प्रत्येक संकेत, का पूर्ण समर्पित प्रयास हूँ।।७।।

यह जीवन सुमन न्योछावर, पूज्य मां के कमल–चरणों में।
संचित सुधा सब न्योछावर, पूज्य मां के धवल चरणों में।।८।।

हर उच्छ्वासें मां के लिए हों, हर साधना मां के लिए हो।
सर्वस्व समर्पण मां के लिए हों जन्मजन्मांतर मां के लिए हो।।९।।

मां के एक संकेत भर से, अंबर को भी झुका दूँगा।
"जगराम" एक संकेत भर से, सागर को भी सुखा दूँगा।।१०।।

पूज्य मां के अपमान का बदला चुकाऊँगा

पूज्य मां के अपमान का, बदला चुकाऊँगा
देखना! समर में रुधिर की, सरिता बहाऊँगा।।१।।
चल पड़ा हूँ अब मथुरा को, सुदर्शन चक्र लेकर।
पुरखों का आशीष और, विजय का व्रत लेकर।।२।।
दिग्दिगन्तर में गूंज उठेगी, घोर मेघ गर्जन।
क्षण में निष्प्राण सा हो जायेगा, स्वयं विसर्जन।।३।।
तिमिर के सामने जब, प्रचण्ड सूर्य खड़ा होगा।
उसी क्षण घोर कारा में, बंध कर पड़ा होगा।।४।।
या दोनों कर बांधे, चरणों में पड़े होंगे।
या जंजीरों से कसे कोने में खड़े होंगे।।५।।
जब गिड़ गिड़ाकर प्राणों की भीख मांगेगा।
तभी ब्रह्माण्ड उसका अंतिम चीत्कार सुनेगा।।६।।
फाड़ कर विपरीत फेंक, दूँगा दोनों धड़ों को,
फोड़ कर फेंक दूँगा, पाप के सभी घड़ों को।।७।।
घोर तम नाश कर भोर, का भानु उगाऊंगा।
सभी बुझे हुए दीपों को, फिर से जलाऊँगा।।८।।
''जगराम'' दीप–दान कर, दीप पर्व मनाऊँगा।
पूज्य मां को फिर से स्वर्ग, सिंहासन बिठाऊँगा।।६।।

जिस दिन समर की अग्नि

जिस दिन समर की अग्नि, फिर से जलेगी।
जिस दिन घृणा की गंध, फिर से उड़ेगी।।१।।

जिस दिन शिशिर की ठंड, फिर से पड़ेगी।
जिस दिन प्रलय की अंध, फिर से चलेगी।।२।।

जिस दिन घनघोर तम, फिर से घिरेगा।
जिस दिन शिव ताण्डव, फिर से दिखेगा।।३।।

जिस दिन से भय से, दिगन्त, घबड़ा उठेगा।
जिस दिन निष्प्राण अंत, भी रो पड़ेगा।।४।।

जिस दिन विनिर्माण का, विनिर्वाण होगा।
जिस दिन अधिष्ठान का, अवसान होगा।।५।।

जिस दिन अघ ग्रहण का, प्रभाव छंटेगा।
जिस दिन पाप का घट, सहसा फटेगा।।६।।

उस दिन संताप का, अभिशाप हरना।
उस दिन आतंक का, मद चूर करना।।७।।

उस दिन मुध प्रेम की, गंगा बहाना।
उस दिन शुभ क्षेम का, सावन झराना।।८।।

बसंत बहार बन, अंत को हंसाना।
"जगराम" दीपक बन, तम को मिटाना।।६।।

नर्क उनके लिए जो पाप को स्वीकारते हैं

नर्क उनके लिए, जो पाप को स्वीकारते हैं
स्वर्ग उनके लिए जो, ''आप'' को स्वीकारते हैं।।१।।
धर्म उनके लिए जो, त्याग को स्वीकारते हैं।
कर्म उनके लिए जो, आग को स्वीकारते हैं।।२।।
पंथ उनके लिए जो, भाग्य को स्वीकारते हैं।
गंध उनके लिए जो, साध्य को स्वीकारते हैं।।३।।
सुख उनके लिए जो शूल को स्वीकारते हैं।
दुख उनके लिए जो, धूल को स्वीकारते हैं।।४।।
तप उनके लिए जो, ताप को स्वीकारते हैं।
व्रत उनके लिए जो, शाप को स्वीकारते हैं।।५।।
लक्ष्य उनके लिए जो, संकल्प को स्वीकारते हैं।
तथ्य उनके लिए जो, विकल्प को स्वीकारते हैं।।६।।
यज्ञ उनके लिए जो, होम को स्वीकारते हैं।
सत्य उनके लिए जो, योग को स्वीकारते हैं।।७।।
सम विषम में समानता, पंथ में बस आश संबल।
ध्येय हित अर्पण जिनका, साधना उनकी सफल।।८।।
जीवन की धन्यता तभी, नियति अनुकूल चिंतन।
''जगराम'' पूर्ण सुधा संभव, यज्ञ मुख आत्महवन।।६।।

कोई नहीं मिटा सकता है

कोई नहीं मिटा सकता है, भारत को वसुधा से।
कोई नहीं डिगा सकता है, शंकर को समाधि से।।१।।
　　कोई नहीं लूट सकता है, कुबेर के वैभव को।
　　कोई नहीं छीन सकता है, जीवन के शैशव को।।२।।
कोई नहीं डाल सकता है, मेघों को कारा में।
कोई नहीं मिला सकता है, अनंत को गारा में।।३।।
　　कोई नहीं बांध सकता है, दिनकर को हथकड़ियाँ।
　　कोई नहीं साध सकता है, पावस की नद–नदियाँ।।४।।
कोई नहीं गिरा सकता है, तारों को अंबर से।
कोई नहीं झुका सकता है, हिमगिरि को खंजर से।।५।।
　　कोई नहीं रुला सकता है, सावन फुलवारी को।
　　कोई नहीं सुला सकता है, पतझड़ चिनगारी को।।६।।
कोई नहीं चुरा सकता है, सागर की थाती को।
कोई नहीं बुझा सकता है, दीपक की बाती को।।७।।
　　ईश्वर की पूर्ण प्रेरणा से, देवों ने इसे बनाया है।
　　ऋषि मुनियों के मार्गदर्शन से, वीरों ने इसे सजाया है।।८।।
भारत है नयनों की ज्योति, भारत है स्वर्ण समान।
''जगराम'' महोदधि का मोती, यही है जीवन प्राण।।६।।

भारत ही सारी वसुधा को

भारत ही सारी वसुधा को, आलोकित सदा रखेगा।
भारत ही सारी वसुधा को, संस्कारित सदा करेगा।।१।।

जननी बन अपना शोणित दे, नव जीवन का सृजन किया।
जननी बन अपनी श्वासें दे, नव चैतन्य का दान दिया।।२।।

अपनी सारी सुख निंदियां दे, नवपलनें सदा सुलाया।
अपनी सारी नव निधियाँ दे, पूज्य स्वर्गाधिपति बनाया।।३।।

अपने जीवन की थाती दे, सुख ढेरी पर बैठाया।
अपनी शाश्वत परिपाटी दे, हरपल सुधामय बनाया।।४।।

सपनों का संसार भेंटकर, अतीत की तरुणाई दी।
आनंद का उपहार भेंट कर, शांति की अंगडाई दी।।५।।

अपना सबकुछ न्योछावर कर, प्राणों से प्यारा माना।
निज जीवन की डोर सौंप कर, बस अटल सहारा जाना।।६।।

घोर निराशा में जीवन का, एक मृत्युंजयी आश बनो।
घोर अंधेरे में जीवन का, एक ज्योतित प्रकाश बनो।।७।।

जिसने अपना सब कुछ देकर, तुमको हंस हंस कर पाला।
सोने के सिंहासन बैठाकर, जीवन में किया उजाला।।८।।

आज उसी के लिए निज जीवन की, भेंट चढ़ानी होगी।
''जगराम'' मंदिर में जीवन की, नव ज्योति जलानी होगी।।६।।

चलता पथिक सदा गर्व से

चलता पथिक सदा गर्व से, जो कांटों के पथ पर।
और भंवर में हिमगिरि सा, अटल रहे निज व्रत पर।।१।।
जो कांटो से डरे नहीं, वही सुमन सुख पाता।
संकटों का भी चीर वक्ष, पथ पर बढ़ता जाता।।२।।
जो घोरतम के सिंधु में, कभी भी न डूब सका।
भ्रम की भूल भुलैया में, भोर पथ न भूल सका।।३।।
जो ज्वार में भी निर्भय हो, चलने का व्रत लेता।
निराशा से भरे पथ में, नव आशा भर देता।।४।।
जो झंझावातों में भी, हंस हंस अविचल जलता।
और संघर्षों में भी जो, शीश उठाकर चलता।।५।।
जो संभ्रम की घड़ियों में, प्रचण्ड सूर्य बन उगता।
अंधकार का सर्वनाश कर, तभी विजय रथ रुकता।।६।।
जो सदा वज्राघातों में, शैल सा अडिग रहता।
पतझड़ के शूलों में भी, सदा सुमन सा हंसता।।७।।
वही दीप घोर तिमिर का, पूर्ण नाश कर पाता।
जिसको अपना जीवन पुष्प, भेंट चढ़ाना आता।।८।।
गतिमानों को ही अंतिम, गंतव्य सदा मिलता है।
''जगराम'' साधकों को ही, सर्वदा मोक्ष मिलता है।।६।।

पग बढ़ाते ही सभी कुछ छीन लूंगा

पग बढ़ाते ही, सभी कुछ छीन लूंगा।
पल झपकते ही, रसातल भेज दूंगा।।१।।
जब दो पगों में, ब्रह्माण्ड सब नप गया।
परन्तु दिया वचन, अधूरा ही रह गया।।२।।
नाथ! अभी तो शेष है, अपना ही तन,।
तीसरा पग शीश धर, करो पूर्ण वचन।।३।।
जो हुआ वह पूर्व में, ही जानता था।
जो था उसे क्षणिक सुख, ही मानता था।।४।।
जो दिया था उसे, ही तो ले लिया है।
बदले में आपको भी, जीत लिया है।।५।।
सब कुछ लुटाकर, धनवान हो गया हूँ।
भगवान का भी, भगवान हो गया हूँ।।६।।
दुर्लभ जो सिद्धियों को, उसे सहज पाया।
मुट्ठी भर धूल दे, द्वारपाल बनाया।।७।।
छलने चले थे वे, स्वयं ही छल गये।
भावी स्वप्न सब धरे, के धरे रह गये।।८।।
छीनने चले थे, उनका सब छिन गया।
बांधने चले थे, स्वयं पग बंध गया।।९।।
जीत कर भी वे, तो महासमर हारे।
परन्तु उपकार में, मिलते भग्न किनारे।।१०।।
सामने के शत्रु को, लघु नहीं समझना।
''जगराम'' मग में, संभलकर चलना।।११।।

जब तक स्वयं खड़े होंगे न

जब तक स्वयं खड़े होंगे न, जननी की टोह असंभव।
जब तक रवि स्वयं बनोगे न, तब तक नव भोर असंभव।।१।।
जब तक शत्रु का उसके घर, जाकर शीश नहीं फोड़ा।
जब तक शत्रु का उसके घर, जाकर दंभ नहीं तोड़ा।।२।।
जब तक संग्राम करोगे न, तब तक है विजय असंभव।
जब तक संकल्प करोगे न, तब तक है उदय असंभव।।३।।
जब तक संहार करोगे न, तब तक है शांति असंभव।
जब तक मंथन करोगे न, तब तक है सुधा असंभव।।४।।
जब तक तिल तिल जलोगे न, तब तक है ज्योति असंभव।
जब तक पुष्प बन खिलोगे न, तब तक है सुगंध असंभव।।५।।
जब प्राणों का मोह छोड़, महोदधि उड़ान भरोगे।
जब अन्याय का शीश फोड़, काल दण्ड प्रहार करोगे।।६।।
तब स्वयं अत्याचारी शत्रु, आकर शीश झुकायेगा।
और अपना सर्वस्व वैभव, लाकर भेंट चढ़ायेगा।।७।।
तब बिना रुधिर बहाये ही, सब कुछ उससे ले लेना।
और स्वर्ग लोक के बदले, पाताल को भेज देना।।८।।
अंततः मां को मुक्त कराकर, आदर से घर ले आना।
''जगराम'' श्री राम के संग, सिंहासन पर बैठाना।।९।।

सर्वनाश का नहीं यज्ञ हो आत्मसात का

सर्वनाश का नहीं, यज्ञ हो आत्मसात का।
घोर तम का नहीं, यज्ञ हो नव प्रभात का।।१।।
अंधकार का नहीं, यज्ञ हो दिव्य प्रकाश का।
निराशा का नहीं, यज्ञ हो पूर्ण आश का।।२।।
अधिकार का नहीं, यज्ञ हो दीपदान का।
प्रतिकार का नहीं, यज्ञ हो क्षमादान का।।३।।
अवसान का नहीं, यज्ञ हो नवनिर्माण का।
अभिमान का नहीं, यज्ञ हो स्वाभिमान का।।४।।
विषमता का नहीं, यज्ञ हो समरसता का,
असफलता का नहीं, यज्ञ हो सफलता का।।५।।
नश्वरता का नहीं, यज्ञ हो चिर जीवन का।
शिथिलता का नहीं, यज्ञ हो नव यौवन का।।६।।
दुखद अंत का नहीं, यज्ञ हो नव वसंत का।
सूक्ष्मतम का नहीं, यज्ञ हो चिर अनंत का।।७।।
सर्वनाश से परिवर्तन, की आश न कोई।
पश्चाताप से मिल, सकती न शांति खोई।।८।।
फिर से अब नव, जीवन का दीप जलाओ
अंतर के अंधियारे को, दूर भगाओ।।९।।
पुरखों के महायज्ञ को, पुनः आरम्भ करो।
"जगराम" सृजन का दीप, जला तिमिर हरो।।१०।।

शत्रु अब जीवित न जायेगा यहां से

शत्रु अब जीवित न, जायेगा यहां से।
उठ गया अब अन्न, जल उसका यहां से।।१।।
देखें! अब कौन, बचाने आयेगा।
कौन? सिंह मुख से, छुड़ाने आयेगा।।२।।
यदि भूल से भी, कोई भी आ गया।
तो समझो उसका भी, दीप बुझ गया।।३।।
ले लिया संकल्प अब, महासंग्राम का।
उठ गया है परशु अब, परशुराम का।।४।।
अब तो यह "जय परशु", तब तक चलेगा।
जब तक धरा पर, तिमिर शेष रहेगा।।५।।
शत्रु संहार पश्चात् ही, विराम होगा।
अब संग्राम पश्चात् ही, विश्राम होगा।।६।।
जब वसुधा पर अरि, एक भी न रहेगा।
साथ ही एक अवशेष, भी न रहेगा।।७।।
तब बहाऊँगा धरा, पर गंगा धारा।
और बनाऊँगा स्वर्ग, जैसा प्यारा।।८।।
नवभोर में सृजन, यज्ञ आरम्भ होगा।
और नव युग का पुनः शुभारम्भ होगा।।९।।
अब कभी यज्ञ में, विघ्न आने न दूँगा।
"जगराम" प्राणपण से, रक्षा करूँगा।।१०।।

पर हाय यहां भी धधक रहा अंबर है

पर हाय यहां भी, धधक रहा अंबर है।
पर हाय यहां भी, हृदयों में अंतर है।।१।।
पर हाय यहां भी, घोर तिमिर अखण्ड है।
पर हाय यहां भी, शिव त्रिशूल प्रचण्ड है।।२।।
पर हाय यहां भी, सूख रहा अंत है।
पर हाय यहां भी, भूल रहा पंथ है।।३।।
पर हाय यहां भी, संकट मेघ गर्जन है।
पर हाय यहां भी, घोर संघर्ष व्यसन है।।४।।
पर हाय यहां भी, विलख रहा कूट है।
पर हाय यहां भी, डूब रहा घूंट है।।५।।
पर हाय यहां भी, खेल रही मौत है।
पर हाय यहां भी, मचल रही सौत है।।६।।
पर हाय यहां तो, सर्वत्र अशांति स्वर है।
पर हाय यहां तो, सर्वत्र भोग नश्वर है।।७।।
मैं तो शांति के लिए, यहां आया था।
मैं तो मोक्ष के लिए, यहां आया था।।८।।
जो स्वप्न संजोये, वे सब धूल मिल गये।
बिन पतझड़ के पत्र सूख, अवनि गिर गये।।६।।
''जगराम'' जन्म यह भी, रह गया अधूरा।
प्रभु इच्छा ! देखो! स्वप्न कब होगा पूरा।।१०।।

पुरुष विक्रमी कौन ? दूसरा

पुरुष विक्रमी कौन? दूसरा, जैसा अभिमन्यु था।
वही विजयी समरभूमि में, जो प्रलय भानु था।
छोटा होकर भी जो कभी, मृत्यु से डरा नहीं।
छोटा होकर भी जो कभी, रण से हटा नहीं।।
अपमान नहीं सहन करता, तिल भर शत्रु द्वारा।
रणनाद नहीं सहन करता, क्षणभर स्वयं द्वारा।
स्वाभिमान के लिए उसी क्षण, धनुर्बाण उठाया।
आशीषों का संबल लेकर, रण शंख बजाया।।
घोर ताण्डव किया समर में, काल तक थर्राया।
दांतों तले दबा अंगुली, अरि दल घबड़ाया।।
क्षण में महाप्रलय हो गई, सूर्य छिपा घन में।
शव के अंबर तक अंबार लगे, विध्वंस हुआ क्षण में।।
महाकाल बनकर समर में, घोर घन सा घिरा।
ध्येय के लिए लड़ते–लड़ते, रणभूमि में गिरा।।
पुरखों के पावन चरणों में, प्रथम पुष्प चढ़ाया।
कर्त्तव्य पथ पर हंसते–हंसते, कुल मान बढ़ाया।।
लोक हित में सर्वस्व भेंट कर, वह सधन्य हो गया।
कर्म पंथ पर चलते चलते, वह सुपंथ हो गया।।
वही पुरुष विक्रमी जगत में, जो लोकहित लड़ा।
''जगराम'' संकट की घड़ी में, जो प्रथम बनकर खड़ा।।

आनन सरल वचन मधुमय है

सरल वचन रवि की तरुणाई।
अनंत की कालजयी अंगड़ाई।।
जीवन का पथपूर्ण अभय है।।

सरल वचन हिम गिरि स्वाभिमान,
महोदधि का आचरण महान,
चरणों में नत स्वयं विजय है।।

सरल वचन गंगा का निर्मल जल।
पुण्य तीर्थों का आनंदमयी पल।।
लोकभक्ति में तल्लीन हृदय है।।

सरल वचन पावक की ज्वाला।
ऋषि मुनियों के कर की माला।।
गंतव्य हित साधना अक्षय है।।

सरल वचन दीपक की बाती।
और कुबेर की अक्षय थाती।।
चौदह रत्नों में दिव्य अमिय है।

सरल वचन वसंत की शोभा।
स्वयं काम तक छवि पर लोभा।।
सर्वत्र संव्याप्त सुगंध मलय है।।

सरल वचन पूज्या माँ का क्षीर।
शीश पर आशीषों का चीर।।
दर्शनार्थ खड़ा स्वयं समय है।।

सरल वचन मोक्ष का महामंत्र।
अखण्ड विजय का अभेद्य तंत्र।।
पंथ न किंचित बाधा विस्मय है।।

सरल वचन परम सत्य का द्वार।
मानव जीवन का अक्षयसार ।।
पथ शेष न कोई संशय है।।

सरल वचन जिसकी नींव शिला।
उसी को मंथन में अमिय मिला।।
''जगराम'' वही सदा निर्भय है।।

भाग्य सूर्य उदित ही रहता

भाग्य सूर्य उदित ही रहता, सदा कर्म के सन्मुख।
भाग्य सूर्य निकट ही रहता, प्रतिबिंब बन उन्मुख।।१।।
कर्महीनों की मिथ्या साधना, सदा स्वयं ही व्यर्थ हो जाती।
जनु बिना फल फूल के डाली, स्वयं सूख नीचे गिर जाती।।२।।
बिन लक्ष्य कर्म राख की ढेरी, बिना प्रयोजन के पथ भार।
बिन पंखों के उड़ान असंभव, बिना पुरुषार्थ सर्वस्व असार।।३।।
कर्मवीरों की घोर साधना, स्वयं स्वर्णिम भाग्य की निर्माता।
स्वयं ही सुपंथ के पथ सूचक, दिव्य अधिष्ठान के अधिष्ठाता।।४।।
चलने वाले को ही सदा, गंतव्य अवश्य मिला करता है।
फूलने वाले तरु में ही, सर्वदा फल लगा करता है।।५।।
अविचल प्रवाहित सरिता ही, सदा निर्मल हुआ करती है।
अपना सर्वस्व न्योछावर कर, परहित में जिया करती है।।६।।
अखण्ड जलने वाला दीप, ही अंधकार हर सकता है।
तिलतिल जलने वाला दीप, पथालोकित कर सकता है।।७।।
पतवार रहित नाव को भी, किनारा तो मिल ही जाता।
चाहने वाले को एक दिन, सहारा तो मिल ही जाता।।८।।
बस दिन करके सन्मुख मुख ही, सौभाग्य का पूर्ण द्योतक है।
और पूर्णता विमुख लक्ष्य से, दुर्भाग्य अति विकट घातक है।।९।।
भाग्य तब चरण चूमने को, लालायित होकर खड़ा है।
''जगराम'' कर्म पूजा जिनकी, उनके चरणों में पड़ा है।।१०।।

कालचक्र को वही बदलता

कालचक्र को वही बदलता, जो आत्महवन को तत्पर हो।
अखण्ड दीप वही बन सकता, जिसका तेजस्वी अंतर हो।।१।।

ध्येय स्वयं निज हाथ बांधकर, चरणों में सिर झुकाये।
जीवन सुमन भेंट चढ़ाकर, पावन स्तुति गान नित गाये।।२।।

पथ स्वयं खड़ा थाल सजाये, मधु अगवानी को आतुर।
पग पग स्वयं सुमन सेज बन, मधु स्नेहालिंगन को आतुर।।३।।

गंतव्य स्वयं दौड़ा आये, सनातन मर्यादा को छोड़।
प्रतीक्षा में अनुभूति सुखद, व्यवस्था के सब बंधन तोड़।।४।।

परिणाम स्वयं अमृत घट ले, भूख प्यास बुझाने आये।
और पतझड़ के आंगन में, फिर से मंगल सुमन खिलाये।।५।।

शूल स्वयं सब धूल मिल गये, अपने कण्ठगरल को छोड़।
अंगारे भी फूल बन गये, अंहकार के घट को फोड़।।६।।

संकेत मात्र से ही सब कुछ, संचालित होने लगता है।
बिना साधना के ही स्वयं, अक्षय फल मिलने लगता है।।७।।

अब तो तब संभव हो सकता, जब बाहों में हो अदम्य बल।
कालचक्र तभी बदल सकता, जब अंतर में हो ध्येय प्रबल।।८।।

जीवन भर स्वयं तिल तिल कर, जिसने अटल चलना सीखा।
मिलती उसे सदा सफलता, जिसने अखण्ड चलना सीखा।।९।।

अपनी कठोर साधना से, महाकाल को बांध सकते।
''जगराम'' महातपोबल से, महोदधि को भी पी सकते।।१०।।

क्षात्र तेज और ब्रहम तेज का

क्षात्र तेज और ब्रह्म तेज का, हो मिलन जब।
चरण प्रक्षालन करेगी पास, आ विजय तब।।१।।
दिग्दिगंतर भी थर्रा उठेंगे, आलोक से।
धन स्वयं मुंह छिपाकर भगेंगे, संघोष से।।२।।
घोर तम तत्क्षण छिप जायेगा, नव भोर से।
महाज्वार प्रचण्ड आ जायेगा, लघु जोर से।।३।।
महाप्रलय ताण्डव करेगी, संकेत से।
मलय सुगंध भी सर्वत्र बहेगी, संदेश से।।४।।
मृतपाषाण भी हंस पड़ेंगे, नवप्राण बन।
व्यथित पतझड़ भी खिल उठेंगे, नव सुमन बन।।५।।
घोर निशा में भी, प्रभात का मधु आभास।
धूप निराशा में भी आश का, सहज प्रयास।।६।।
निष्प्राण में प्राण की अनुभूति, पूर्ण अंतर।
निस्तब्ध नीरव पथ में सुधामय, सुख निरंतर।।७।।
त्याग का भाव यज्ञ की ज्वाला, सत्य का तेज।
शांति की सुधा स्वधर्म प्रेरणा, कर्म से प्रेम।।८।।
इसी से ही सुफल संयोग फल, तिनका भंवर।
इसी से ही सर्वत्र मलय सुगंध, प्रतिष्ठा समर।।६।।
सनातन धर्म की पुनः स्थापना, का शुभारम्भ।
''जगराम'' कल्याण का दिग्विजयी, अटल जयस्तंभ।।१०।।

क्यों कह रहे हो युद्ध करने को जनार्दन

क्यों? कह रहे हो, युद्ध करने को जनार्दन,
क्यों? कर रहे हो, हठ लड़ने को जनार्दन।।१।।

व्यर्थ ही में मैं क्यों? नरक का भागी बनूँ।
व्यर्थ ही में मैं क्यों? पाप का साथी बनूँ।।२।।

सामने तो सब ये, अपने ही खड़े हैं।
परिजन मार कौन? सदा सुख से रहे हैं।।३।।

सबके यत्नों से ही, मैं इतना बड़ा हूँ।
इनकी छांव में पल कर, इतना बढ़ा हूँ।।४।।

क्या? कहेगा जगत, इसी से डर रहा हूँ।
इसीलिए तो प्रभु ! युद्ध से घबरा रहा हूँ।।५।।

अपनों का रुधिर पी, सुख कैसे? मिलेगा।
जघन्य अपराध कर, पार्थ! कैसे? जियेगा।।६।।

अपनों के शवों पर, मैं चल नहीं सकता।
अपनों के सुख छीन मैं, जी नहीं सकता।।७।।

अपनों के रक्त से घर, बना नहीं सकता।
अपनों को मार सत्ता, ले नहीं सकता।।८।।

सिंहासन क्या? स्वर्ग भी, मेरे लिए धूल है।
भोग का यह पुष्प भी, मेरे लिए शूल है।।६।।

अपनों के लिए जिऊँ, चाह यही जनार्दन।
अपनों के लिए मरूँ, चाह यही जनार्दन।।१०।।

अपनों के काम आऊँ, बस चाह इतनी।
क्षमा! प्रभु!! इस युद्ध से, मुक्ति ''जगराम'' विनती।।११।।

यदि परशु फिर से उठा

यदि परशु फिर से उठा, तो प्रलय निश्चय।
यदि कदम फिर से बढ़ा, तो विध्वंस निश्चय।।
यदि समर फिर से छिड़ा, तो नाश निश्चय।
यदि ज्वार फिर से चढ़ा, तो त्रास निश्चय।।
यदि मेघ फिर से घिरे, तो बाढ़ निश्चय।
यदि केश फिर से खुले, तो संघर्ष निश्चय।।
यदि भानु फिर से छिपा, तो तिमिर निश्चय।
यदि शरद फिर से गया, तो शिशिर निश्चय।।
यदि सांझ फिर से हुई, तो शोक निश्चय।
यदि संकट फिर से मिला, तो अंत निश्चय।।
यदि दिग्भ्रम फिर से हुआ, तो शूल निश्चय।
यदि भूल फिर से हुई, तो नरक निश्चय।।
यदि आज की यह निशा, कट जायेगी।
यदि प्रतिशोध की आग, बुझ जायेगी।।
यदि रुधिर का ज्वार यह,थम जायेगा।
यदि अपमान का शूल, हट जायेगा।।
यदि घृणा का घोरतम, छंट जायेगा।
यदि क्रोध का क्रूरपन, मिट जायेगा।।
तो अवश्य ही सुधामय, विहान होगा।
और मधुमय सृजन का, आरम्भ होगा।।
और फिर तब बजेगी, मंगल बधाई।
तभी ''जगराम'' समझो, शांति आई।।

युद्ध को पहचानते सब लोग हैं

युद्ध को पहचानते सब लोग हैं।
युद्ध फल को जानते सब लोग हैं।।१।।
विनाश से खंडहर भयभीत हैं।
ताण्डव से सशंकित अतीत है।।२।।
पर व्यवस्था के बंधन में विवश सब।
पर प्रतिष्ठा के सोम में उन्मत्त सब।।३।।
चाह कर भी रोक न पाये समर।
चाह कर भी छोड़ न पाये डगर।।४।।
हो गया वह जो होना लिखा था।
फट गया घट जो कब से भरा था।।५।।
छिप गया तत्क्षण जो सूर्य उगा था।
लुट गया सब जो तप से मिला था।।६।।
जो संजोया स्वप्न वह जल भस्म हुआ।
जो लिया संकल्प वह खंडित हुआ।।७।।
मिथ्या भ्रम का प्रवाह भी थम गया।
घोरतम का घूंघट भी उठ गया।।८।।
शेष न और अब अवशेष भर भी।
स्वयं पंथ भी असमर्थ एक क्षण भर भी।।६।।
व्यर्थ में किसके लिए सर्वस्व लुटाया।
देख ! अंत में न और काम आया।।१०।।
जन्म जन्मांतर का फल यह मनुज तन।
"जगराम" प्रभु ! कामना संतोष धन।।११।।

चल दिये क्यों छोड़ मग में

चल दिये क्यों छोड़ मग में, अंत कैसे जी सकूंगा।
रह गया बस अब एकाकी, पंथ पर कैसे चलूंगा।।१।।

पंथ काटों से भरा है, सुमन की कोई न आशा।
घोरतम से भी घिरा है, दीप की कोई न आशा।।२।।

मेघ से ऊंचे शिखर सब, अवरोध बनकर खड़े हैं।
काल से फुफकारते नंद, महागर्त बन कर अड़े है।।३।।

इस निराशा भरे पथ पर, गंतव्य पाना अति कठिन है।
पंथ ने भी साथ छोड़ा, साधना भी अब कठिन है।।४।।

आश न कोई अंतर में, और विजय की संभावना।
तरनी फंस गई भंवर में, कोई शेष न संभावना।।५।।

अब यहां किस को बुलाऊं, घोर संकट की घड़ी में।
प्राण अब कैसे बचाऊं, क्रूर कारा की छड़ी से।।६।।

पतवार बिन तरनी हुई, मौत का ही अब सहारा।
समर्पण चकनाचूर हुआ, जीत कर भी समर हारा।।७।।

दीपक तत्क्षण बुझ गया जो, घोर तप से था जलाया।
स्वप्न अधूरा रह गया जो, जीवन में था संजोया।।८।।

प्रेरणा बिन साधना की, यह डगर रह गई अधूरी।
सुधामय आशीष से ही, हो सकेगी तभी पूरी।।९।।

अनुबंध जीवन का निरन्तर, वचन के लिए पूर्ण समर्पण।
मार्गदर्शन का गीता स्वर, अंतर का नव आभूषण।।१०।।

प्रभु कृपा ! से यदि मिला तन, तो लगाऊं फिर डगर में।
''जगराम'' हो बस स्वप्न पूर्ण, चाह यही शेष अंतर में।।११।।

जीवन का संदेश यही

जीवन का संदेश यही, कुछ जीते जी कर जाओ।
परहित में शिव शंकर बन, चुपचाप गरल पी जाओ।।
दिनकर का संदेश यही, अंधेरा दूर भगाओ।
चंद्रमा का संदेश यही, सबको सुधा पिलाओ।।
अंबर का संदेश यही, सबकी छाया बन जाओ।
क्षितिज का संदेश यही, सबकी आश बन जाओ।।
दिग्दिगन्त का संदेश यही, सबको स्वकंठ लगाओ।
बसंत का संदेश यही, नित मलय सुगंध बहाओ।।
नदियों का संदेश यही, चिर ध्येय प्राप्ति तक बहना।
सागर का संदेश यही, सदा मर्यादा में रहना।।
सुमनों का संदेश यही, शूलों पर भी नित हंसना।
सावन का संदेश यही, निज जीवन भेंट चढ़ाना।।

श्वास रहते शत्रु प्रवेश असंभव

श्वांस रहते शत्रु प्रवेश असंभव।
काल भी न कर सकेगा संभव।।१।।
बस सौगन्ध ले अब डट गया हूँ।
रण में महाकाल बन गया हूँ।।२।।
खड्ग में स्वयं भवानी बसी हैं।
महाप्रलय करने को चली है।।३।।
द्वार के भीतर शत्रु घुस सका न।
एक भी कदम आगे बढ़ सका न।।४।।
तत्क्षण रुधिर की सरिता बहाई।
और शवों की ढेरी लगाई।।५।।
रुधिर शेष तक रण लड़ता रहा।
लक्ष्य हित अंतिम तक जलता रहा।।६।।
प्राण संकेत के लिए रुके थे।
जो थक कर भी तो अनथके थे।।७।।
तभी सहसा महानाद गूंजा।
व्रत पूर्ण अब रहा न स्वप्न दूजा।।८।।
इसी की वाट में तो खड़ा था।
लौह स्तंभ बन द्वार पर अड़ा था।।६।।
यज्ञ पूर्ण हुआ अब और न चिंता।
क्षमा! प्रभु!! दास अब लेता विदा।।१०।।
प्रभु! बन सकी जो सेवा तन से।
उसे पूर्ण किया प्राणार्पण से।।११।।
यह कह सूर्य क्षितिज में छिप गया।
अनंत के हृदय में समा गया।।१२।।
डूब करके भी उदय हो गया।
सृजन की नव प्रेरणा बन गया।।१३।।
द्वार पर दीप बन जलते रहो।
"जगराम" भेंट बन चढ़ते रहो।।१४।।

प्रतिशोध की आग को अब कैसे? बुझाऊँ

प्रतिशोध की आग को अब कैसे? बुझाऊं।
धधकते ज्वालामुखी को कैसे? दबाऊं।।१।।
सीमोल्लंघन हो चुका है अब असंभव शांति।
मर्यादायें टूट चुकी हैं अब मार्ग क्रांति।।२।।
बहुत बढ़ चुके आगे व्यर्थ शेष संभावना।
निर्णय हो चुका पूर्ण निष्प्राण अंतः संवेदना।।३।।
अब वही होगा जो होगा समर भूमि में।
परिपूर्ण निश्चित परिणामों की अनुभूति में।।४।।
भाग्य में जो लिखा है वह तो मिलेगा ही।
जो फूला है उसमें फल तो लगेगा ही।।५।।
बस कुछ ही क्षणों में सब स्पष्ट हो जायेगा।
तम का भय भोर होते ही मिट जायेगा।।६।।
ऊषा की कारा में निशा पछतायेगी।
करनी पर रह रहकर आंसू बहायेगी।।७।।
सब कुछ जानकर भी प्रतिकार को विवश हूँ।
ममता के सामने अब तो निपट निरस हूँ।।८।।
अब तो रुधिर से ही यह क्षुधा शान्ति होगी।
अब तो समाधि पर ही अंतिम भेंट होगी।।६।।
सर्वनाश करके ही अब तब परशु रुकेगा।
जब स्वयं ही रुकने को महाकाल कहेगा।।१०।।
शवों की ढेरी पर उत्सव जब मनाऊंगा।
प्रतिशोध की पावक को तभी बुझाऊंगा।।११।।
अंत में एकमेव सहारा मैं तब बनूंगा।
सब कुछ भुलाकर गरल को मैं तब पियूंगा।।१२।।
शेष को कण्ठ लगा सृजन शुभारंभ करूंगा।
''जगराम'' पुनः पतझड़ उर बसंत मधु भरूंगा।।१३।।

वह लोक जहां शोणित का ताप नहीं

वह लोक जहां शोणित का ताप नहीं।
वह लोक जहां कोई संताप नहीं।।१।।
वह लोक जहां कोई भी शाप नहीं।
वह लोक जहां कोई भी पाप नहीं।।२।।
वह लोक जहां कोई भी भोग नहीं।
वह लोक जहां कोई भी रोग नहीं।।३।।
वह लोक जहां कोई भी शोक नहीं।
वह लोक जहां कोई भी ढोंग नहीं।।४।।
वह लोक जहां कोई भी क्षोभ नहीं।
वह लोक जहां कोई भी लोभ नहीं।।५।।
वह लोक जहां कोई भी शूल नहीं।
वह लोक जहां कोई भी भूल नहीं।।६।।
वह लोक जहां कोई षड्यंत्र नहीं।
वह लोक जहां कोई छल प्रपंच नहीं।।७।।
वह लोक जहां कोई भी अधर्म नहीं।
वह लोक जहां कोई भी दुष्कर्म नहीं।।८।।
वह लोक जहां कोई भी तृष्णा नहीं।
वह लोक जहां कोई भी घृणा नहीं।।६।।
वह लोक जहां केवल प्रेम की गंगा।
वह लोक जहां बज रहा धर्म का डंका।।१०।।
वह लोक जहां स्वयं स्वधर्म परिपालन।
वह लोक जहां अटल व्रत धर्म संस्थापन।।११।।
वह लोक जहां आशीषों की छाया।
वह लोक जिसकी पीयूष सी काया।।१२।।
यदि इसके चरणों की रज मिल जाये।
तो "जगराम" यह जन्म सफल हो जाये।।१३।।

पाषाण भी जब प्रकट होगा नरसिंह बनकर

पाषाण भी जब प्रकट होगा नरसिंह बनकर।
पाप का अंत कर देगा उसी क्षण चीर कर।।१।।
और उगेगा नवभोर का जब सूर्य बनकर।
तिमिर तब छिप जायेगा अपना मुंह छिपाकर।।२।।
प्रबल प्रतिकार करने को बढ़ेगा जब प्रवर।
महाप्रलय आ जायेगी तब ऐसी भयंकर।।३।।
क्षण हट जायेंगी संकट की काली घटायें।
चकनाचूर हो जायेगी तब तम शिलायें।।४।।
क्रूरतम आंधी तब गतिहीन हो जायेगी।
शूल सी बाधायें विषहीन हो जायेंगी।।५।।
कारा में सिसकी भरेगी आतंक साया।
वहां साथ न देगी तब स्वयं की भी काया।।६।।
सब हाथ खींच लेंगे उस संकट की घड़ी में।
हर पल युग सा कटेगा कठोर हथकड़ी में।।७।।
तत्क्षण धूल में मिल जायेगी सब कल्पनायें।
जलकर राख हो जायेंगी सब वासनायें।।८।।
अस्थि शेष का तब वहां संचय कौन? करेगा।
उस घड़ी तक तब तक अवशेष भी न बचेगा।।६।।
क्षणिक सुख के लिए व्यर्थ में क्यों ? शोणित बहाया।
नर अस्थियों से किसके लिए स्वर्ण महल बनाया।।१०।।
यहीं पड़ा रह जायेगा सब कुबेर वैभव।
निरन्तर पछताओगे पाने को पुनः शैशव।।११।।
दीप सा जलकर उपकार की गंगा बहाना।
चराचर को निस्वार्थ भाव से गले लगाना।।१२।।
नर सेवा – नारायण सेवा ही मुक्ति साधन।
''जगराम'' बरसाओं सुधा नित्य बनकर सावन।।१३।।

कोटिक यज्ञों का प्रतिफल

कोटिक यज्ञों का प्रतिफल साकार हुआ।
संजोया स्वप्न भी तो स्वयं आधार हुआ।।१।।
जो भी था बहुप्रतीक्षित, नवरूप पाया।
जो भी बस अपेक्षित, शुभ छत्र छाया।।२।।
बस ज्योति की आशा में, नयन गड़े थे।
नव प्राण के प्रयास में, निश्चल खड़े थे।।३।।
अभिलाषा में पंथ ने, भी साथ दिया।
और अविचल रहकर नित, सहयोग किया।।४।।
बस स्तंभ सा गड़ गया था, अडिग वार पर।
शनैः–शनैः बढ़ रहा था, उदधि पार कर।।५।।
फलतः मिल गया किनारा, मंथन सुधा बन।
अंतिम बन गया सहारा, शुभ प्रयास बन।।६।।
अखण्ड प्रयास के सन्मुख, पंथ स्वयं हारा।
विवश हो गई गंतव्य को, स्वयं गंगा धारा।।७।।
पवित्र घड़ी भी आ गई, जो प्रयास थी।
और स्वयं जलने लगी, जो प्रकाश थी।।८।।
घोर तिमिर को चीरकर, रवि उग आया।
ध्येय स्वयं ही बसंत बन, पथ में छाया।।९।।
पूर्ण हो गई साधना, यही चाह थी।
तरनी को पतवार की, शेष चाह थी।।१०।।
तप तपस्या के सहारे, सबकुछ संभव।
नव परिणाम का स्वयं ही, पूर्ण फलोद्भव।।११।।
साधना के आगे तो, ध्येय हारता।
''जगराम'' के सन्मुख स्वयं, संकल्प हारता।।१२।।

स्वर्ग का आनंद हारा

स्वर्ग का आनंद हारा, भोर की छवि मात्र से।
जीवन भी सधन्य हुआ, अमृत पूरित पात्र से।।१।।
वरदान में जो मिला, वह अनोखा लाल था।
साधना तरु जो फला, वह मयंक सा भाल था।।२।।
पथरा गये नयन भी, देखकर उपहार को।
सकुचा गये कदम भी, क्षणिक से प्रतिकार को।।३।।
संभ्रम के इस जाल में, भ्रमित सा पथ पर खड़ा।
विवश था समुख विमुख, बेसुध सा अचल पड़ा।।४।।
पूर्व संचित पुण्य फल, सुधा का कलश लाये।
पावस के बादल स्वयं, अक्षय मधु भेंट लाये।।५।।
हंस गई वाटिका, नव सुमन भी खिल गये।
मलय सुगंध के स्पर्श से, घाव सारे भर गये।।६।।
पतझड़ के आंगन में, स्वयं पुण्य का उदय हुआ।
संजोया स्वप्न था जो, स्वयं ही साकार हुआ।।७।।
मधुपुष्पों का भ्रमर बन, रसपान करता रहूँ।
मोहनी छवि दास बन, अपलक हेरता रहूँ।।८।।
कट जायेगा जीवन, सदा यों ही निरखते।
मिल जायेगी मुक्ति भी, यों ही पल झपकते।।९।।
गम की धार है ये, पंथ में हार है ये।
"जगराम" सार है ये, मोक्ष का द्वार है ये।।१०।।

सुमनों सी छवि

सुमनों सी छवि, पीड़ा हरती।
जीवन में नव, उमंगे भरती।।१।।

घोर तिमिर में, दीप जल गया।
सूने घर को, मीत मिल गया।।२।।

पग–पग पर पर्व, उत्साह अत्यधिक।
चरणों में स्वर्ग, अनुभूति चकित।।३।।

कांटो के पथ, सुमन बिछौना।
सपनों में नव रूप सलोना।।४।।

सूखी डाली हरी हो गई।
व्यथा स्वयं ही, फलित हो गई।।५।।

नव उमंग से आह्लादित पथ।
नव संचार से आनंदित व्रत।।६।।

रोम रोम में, उत्सव का ज्वार।
श्वासों को स्वयं, मिला उपहार।।७।।

नव वसंत की, अंगड़ाई तन।
मधु पावस की, तरुणाई मन।।८।।

मलय सुगंध से, लथपथ बयार।
अमिय आलिंगन, सावन फुहार।।९।।

तापों से दूर, शोक का अंत,
स्वासों से दूर, लोक को कंत।।१०।।

जो मिले सुमन, हो साथ अक्षय।
न्योछावर हो, ''जगराम'' हृदय।।११

जाने कैसे दिन कट जाता

जाने कैसे दिन कट जाता, सुमनों की मधु किलकारी में।
स्वर्गिक आनंद स्वयं मिल जाता, सब रंग फूली फुलवारी में।।१।।
चहचहा उठा तरुओं पर, सुभग शैशव का मधु अट्टहास।
निंदिया मालिनि तब चौंक पड़ी, चंचल गतिविधियों का उपहास।।२।।
तुहिन स्वयं स्वागत को आतुर, शीश पर अमृत का घट लेकर।
तृण–तृण पंजनि पर उझक–उझक, न्योछावर होते सब देकर।।३।।
काम स्वयं भी मोहिनी पर लज्जित, बेसुध होकर दास बन गया।
अप्रत्याशित फल मिला सहज ही, गति में पूर्ण विराम लग गया।।४।।
देखते देखते थके नहीं, अब तक बेचारे विकल नयन।
अनंत की भूल भुलैया में, खो दिया स्वयं का नीड़ अयन।।५।।
तापों का भी आभास नहीं, पागलपन सी गति तन की।
शून्य पर कोई प्रयास नहीं, निष्प्राण चाह भी अंतरमन की।।६।।
सजल बदली भी स्वयं निरन्तर, आलिंगन का रस पाने को।
झरनी की साधना निरन्तर, ध्येय पथ पर रम जाने को।।७।।
यों ही मधु रस पीते पीते, अब तक मृत तड़ाग भरा नहीं।
उन्मत भ्रमर सा बेसुध होकर, मृत्यु तक से बिलकुल डरा नहीं।।८।।
यदि रसना हो गई अनुचरी, तो बंधनों से मुक्ति असंभव।
यदि साधना हो गई मोहित, तो जीवन का गंतव्य संभव।।६।।
सुमनों के बिन जीवन दूभर, पलभर विछोह मरण आवश्यक।
श्वासों में समा गई सुगंध, जीवन की बन गई पथ दर्शक।।१०।।
बस कट जाये जीवन यों ही, हाथों में ले सुमन खिलौना।
"जगराम" घर हरा भरा रहे, सर्वदा खेलते रहे छौना।।१२।।

और न कोई चाह शेष अब

और न कोई चाह शेष अब, जो थी वह भी पूर्ण हो गई।
और न कोई श्वास शेष अब, जो थी वह भी भेंट चढ़ गई।।१।।

घोर तपस्या का प्रतिफल आज, जैसा चाहा वैसा पाया।
सपने सारे पूर्ण हो गये, अपने आप मंगल दिन आया।।२।।

अनायास मिल गया सभी कुछ, जीवन से अब निश्चिंत हो गया।
तेजहीन यह दीप जल गया, अंधेरा क्षितिज में छिप गया।।३।।

अंतर में स्वाभाविक उछाह, प्रकटीकरण पूर्णता असंभव।
गूंगे की सी गति स्वाभाविक, महोदधि का ज्वार संभव।।४।।

स्वयं अपने पैरों पर चल कर, साधना स्वयं द्वार पर आयी।
पतझड़ के घर में भी मानो, मधु बासंती बहार छायी।।५।।

सफलता ने उद्यम के आगे, स्वयं अपने घुटने टेक दिये।
भक्तिभाव से परम आनंद के, सुधा अश्रु सुमन तक भेंट किये।।६।।

बदली को मिल गई सहेली, नाव भी नहीं रही अकेली।
सब मनोकामना पूर्ण हुई, सर्वत्र भाग्य की किरणें फैली।।७।।

उदित हो गया भाग्य सूर्य अब, तम की घड़ियाँ दूर हो गई।
मिल गया तिनके का सहारा, जीवन रिक्तता पूर्ण हो गई।।८।।

यदि हो हृदय में विश्वास अटल, तो जग में है सब कुछ संभव।
यदि हो अंतर आत्महवन व्रत, "जगराम" अवश्य शरणागत भव।।९।।

अब तो भटके को

अब तो भटके को, डगर मिल गई।
चिर साधना भी स्वयं फल गई।।

इसी के सहारे, शिखर चढ़ूंगा।
इसी के किनारे, सुमन बनूँगा।।

बांह को पकड़ कर, प्रमाण होगा।
छांह को जकड़ कर, निर्माण होगा।।

सनातन प्रेरणा, संबल बनेगी।
अविराम साधना, दीप बनेगी।।

पंथ का स्नेह अक्षय, सुमन आभास।
गंतव्य की चाह बस, अक्लांत प्रयास।।

सुधा समान संघर्ष, स्वयं मनभावन।
क्षत विक्षत अंतर में, मधुमय सावन।।

मंथन का प्रतिफल, सुधा आनंद।
आत्महवन की गंध, गंतव्य अखण्ड।।

शेष न अंतर चाह, न अन्य प्रतीक्षा।
शेष न व्यर्थ प्रवाह, न मंत्र समीक्षा।।

जल बिन्दु लक्ष्य में लय, असीम समर्पण।
'जगराम' तभी जय, जब प्राणार्पण।।

अंततः वैशाखी मिल ही गई

अंततः वैशाखी मिल ही गई, जीवन के अंतिम क्षण में।
वर्षों की प्यास बुझ ही गई, अंतर उदधि पनघट में।।१।।
नीरव बदली छलछला उठी, ममता के अश्रु नयन भर।
सावन फुहार बन बरस पड़ी, आतुर आलिंगन तत्पर।।२।।
निर्झरिणि के अश्रु बाहर आये, आमोद–प्रमोद बनकर।
आनंद उपहार साथ लाये, नंदन का हार बनकर।।३।।
मुरझाये सुमन भी खिल उठे, बसंत सुखद स्पर्श से।
सर्वत्र बिखर गई मलय सुगंध, अतीव समर्पण सहर्ष से।।४।।
शूलों ने भी महाविष त्याग, सुधा की अंगड़ाई ली।
नेह ममता की गोदी बन, अमिय की भरपाई की।।५।।
निर्जन पथ भोर किलकारी बन, अभिन्न सुख दुख का साथी।
धूप छांव में भी वैशाखी, तिमिर में दीपक बाती।।६।।
सफल हो गई मनोकामना, यह जन्म भी धन्य हो गया।
पूर्ण हो गई महासाधना, भाग्य बन उदय हो गया।।८।।
निश्छल भक्ति का फल अवश्य मिलता, सात्विक मन से हो उद्यम।
''जगराम'' तभी संभव होगा, विजय श्री का मार्ग सुगम्।।८।।

अब सपने सब पूर्ण हो गये

अब सपने सब पूर्ण हो गये, शेष हृदय में रहा न कोई।
पथ स्वागत में सुमन बिछ गये, शेष शूल रह गये न कोई।।१।।

वैशाखी मिल गई निःसक्त को, कंधों का मिल गया सहारा।
लक्ष्य की बाट मिल गई व्रत को, तरनी को मिल गया किनारा।।२।।

जीर्ण–शीर्ण तन को नव काया, नव स्फूर्ति का मंगल वरदान।
खंडित श्वासों का नवोत्सृजन, साधन का ध्येय हित बलिदान।।३।।

पथ–हारों को पतवार सबल, निराश पथिक में नव संचार।
हृदय आशा का दीप अखंडित, संकल्प का अविराम अंबार।।४।।

शून्य विधिक को नूतन संज्ञान, आत्मानुभूति का महाज्वार।
नेपथ्य–कायिक–रहस्योद्घाटन, आतुर स्वागत को क्षितिज द्वार।।५।।

निरा मूक को मधुमय वाणी, भ्रमरों को मधुरसपान सुमन।
रमना की अभिलाषा पूरित, सुमनों में परिवर्तित पथ दुर्गम।।६।।

ठहर गये दृग ठीक ठांव पर, विचलन फिसलन स्वयं मूर्तिमंत।
विकट क्षुधा पथ के हित तल्लीन, रिक्त शेष की नव चाह अनंत।।७।।

ध्येय सिंधु में साधना आहुति, सुफल का सब अभिमान समर्पित।
"जगराम" स्वप्न अनुहार यज्ञ में, अंतिम व्रत अवशेष न किंचित।।८।।

शेष न किंचित जीने की इच्छा

शेष न किंचित जीने की इच्छा, तरनी को मिल गया किनारा।
पूर्ण हो गई दीर्घ प्रतीक्षा, पंथ का मिट गया अंधेरा।।१।।
सभी मनोरथ पूर्ण हो गये, नीरव को आभास मिल गया।
सब सपने साकार हो गये, क्लांत को नवोत्साह मिल गया।।२।।
घोर निशीथ में भी उद्यम को, नव प्रयास का हाथ मिल गया।
शूलों के ऊपर चलने का, नव सुमनों का साथ मिल गया।।३।।
अभिलाषा के बंध कटे सब, मर्यादाओं से मुक्त हो गये।
संताप–जीर्ण–शीर्ण मलिन मुख, चिर आसक्ति से विमुक्त हो गये।।४।।
अपलक चकोर की चिर आशा, स्वांति बूंद से पूर्ण हो गयी।
अतृप्त संयोग की विकट प्यासा, निस्तब्ध शिला सी मौन हो गयी।।५।।
असंभव यदि संभव हो जाये, तो स्वर्ग स्वयं ही रज सा प्रतीत।
सब कुछ बौना लगने लगता, स्फुरित हो उठता अंतर अतीत।।६।।
जो चाहा था वही फल गया, पाकर दिनकर स्वयं ढल गया।
अंतर में बस संतोष रह गया, सुभाग्य रिक्त कोष भर गया।।७।।
यदि अंतर में प्रवाह अखण्ड, साधना संपूरित भक्ति भाव।
"जगराम" और न रहते शेष, अंतर के गहरे हरे घाव।।८।।

गंगा स्वयं द्वार आ गई

गंगा स्वयं द्वार आ गई, अमिय का कलश लेकर।
पथ की मधुमीत बन गई, अक्षय आशीष देकर।।१।।
अभिशाप के ताप से दुग्ध, भस्मीभूत नवाकर्षण।
अभिज्ञान के जाल में बिंध, पराभूत शशिभूषण।।२।।
मिटा जब अहंकार में व्रत, पंथ की धूल बनकर।
लगा जब अंधकार का फण, हृदय को शूल बन कर।।३।।
चकाचौंध की प्रदीप्ति में, खो गये बलहार कर।
अनायास ही जल पुष्प बन, सो गये मन मार कर।।४।।
तुहिन व्रत रवि तक अपेक्षित, क्षणिक उद्यम हित साहस।
ध्येय हित संकल्प अविराम, पंथ में न हिचकिचाहट।।५।।
ध्येय हित बलिदान सुफलित, अंतर आशा का दीप।
साधना हित पूर्ण समर्पण, मोती को अंतर सीप।।६।।
शाप ताप स्वयं मिट गया, बस आचमन मात्र से।
पाप कारा से मुक्त हुआ, शुभ आगमन मात्र से।।७।।
सौभाग्य का पट खुल गया, घट सुधा स्वयं आतुर,
''जगराम'' स्वयं ही मिल गया, जीवन का सुफल मधुर।।८।।

अब तो मुक्ति पा सकूँगा

अब तो मुक्ति पा सकूंगा, इस भवसागर से।
अंतिम लक्ष्य पा सकूंगा, इसी मधु डगर से।।१।।
दीपक को बाती मिली, अखण्ड प्राण बन कर।
साधना को बांह मिली, प्रचण्ड भानु बनकर।।२।।
साधना जब विलय हुई, सम्पूर्ण समर्पण से।
आलोक का उदय हुआ, प्रतिबिंब दर्पण से।।३।।
पथ का तम दूर क्षण में, भोर सुखद अनुभव।
मीत छांव मधु प्रतिबिंब, अनंत छोड़ उद्भव।।४।।
सरिता को प्रवाह मिला, तंत्र को अक्षय वर।
साधना का मंत्र मिला, पथिक को अभयस्वर।।५।।
दुर्गम पथ पर निर्भय बढ़ा, पूर्ण निश्चिन्त हो कर।
सम–विषम निरन्तर चढ़ा, सुधा–कलश लेकर।।६।।
अखंडित उद्यम ही मात्र, प्रसूनों की घड़ी।
स्तंभित संकल्प ही स्वयं, सफलता की घड़ी।।७।।
गंतव्य संभाव्य पूर्णता, आत्मबलिदान से।
''जगराम'' मोक्ष उपहार, नूतन निर्माण से।।८।।

नव उपहार के सहारे

नव उपहार के सहारे, भार से मुक्त हो सकूँगा।
अब पतवार के सहारे, भव से पार हो सकूँगा।।१।।

अंतिम पड़ाव पर वसंत, की मधुमय बहार छायी।
पुनः सूखी हुई डालियाँ, पूर्ण उन्मत्त हो लहरायी।।२।।

मुरझाया सुमन स्वयं ही, पुलकित हो खिलखिला उठा।
भर गई सर्वत्र मलय सुगंध, जड़–चेतन सब जाग उठा।।३।।

जर्जरित स्वप्न फिर से हंसा, जब साधना में फल लगा।
चकित हुआ निरख चमत्कार, जब श्मसान हँसने लगा।।४।।

जर्जर श्वासों के तार में, भी सहजतम निरन्तर उद्यम।
घोर शूलों से भरा पंथ, हो गया क्षण भर में सुगम।।५।।

मुठ्ठी में बंद सारी व्यथा, कटिबद्ध स्वागत को ऊषा,
कल के अंगार आज स्वयं, बन गये मधु वेशभूषा।।६।।

सौंपकर थाती पुरानी, फलतः निश्चित हो ही गया।
''जगराम'' दायित्व से उऋण, अब तो निमित्त भर रह गया।।७।।

अब तो पास न शेष रखूँगा

अब तो पास न शेष रखूँगा, सुमन एक भी पवन का।
पथ का नव श्रृंगार बनूँगा, आत्म हवन अंतर मन का।।१।।

रोम रोम का सम्पूर्ण समर्पण, किंचित न संशय अंतर में।
आदि अंत तक संकल्प अविचल, विश्वास प्रतिफल प्रस्तर में।।२।।

सहज ही श्वांस की भी आहुति, लक्ष्य पथ पर नित्य गतिमान।
अविचल अनुक्रम सत्वर सनातन, नव संवेदना विद्यमान।।३।।

भौतिक गतिविधि की संवेदना, सहज कार्य की प्रेरणा।
अविराम 'साध' की निरन्तरता, चेतनामय उत्प्रेरणा।।४।।

मधुमय रस का विलय पूर्णता, परिणामतः सुफल विस्मरण।
यज्ञ का आनंद धूल–धूसरित, प्राणार्पण तक आमरण।।५।।

स्वाभिमान विवश स्वयं अकिंचन, अनंत की पहिचान धूल।
निष्फल अर्थ चमत्कारिक प्रलोभन, घोर तम की भोर भूल।।६।।

सर्वस्व न्योछावर महायज्ञ में, जैसे सरिता सिन्धु उदर।
''जगराम'' तभी संभव चिर शांति, जब हो अंतर दीप प्रखर।।७।।

जीवन की सर्वस्व भेंट

जीवन की सर्वस्व भेंट करने की बारी।
कौड़ी कौड़ी चुकता, कोई न उधारी।।१।।
कर्त्तव्य पथ पर चल सका, उतना अवश्य चला।
दीप बनकर जल सका, उतना अवश्य जला।।२।।
शैशव की मधु–आनन्द, सुधा भेंट सारी।
तरुणाई की सुगंधित, बयार बलिहारी।।३।।
सन्मुख अभिराम छवि के, पूर्णता हार गया।
हार कर भी अंत में, समर जीत गया।।४।।
बूँद–बूँद अर्पित रुधिर, स्वयं अभिषेक में।
सत्वर रोम–रोम उद्यत, अनंत अवशेष में।।५।।
बूँद–बूँद टपक टपक, घट रिक्त हो गया।
तिल तिल जलते जलते, असमर्थ हो गया।।६।।
आरम्भ का प्रवाह भी, पंखहीन विहंग।
अक्षय सिंधु में संभावना, अजय अक्लांत उमंग।।७।।
प्रार्थना अनिमेष की, शेष अंत विशेष।
''जगराम'' अवशेष का, परिवेश न निमेष।।८।।

हर श्वास में समा गये हैं

हर श्वांस में समा गये हैं, गति बनकर।
इति पंथ में बिछ गये हैं, पुष्प बनकर।।१।।
सुधा की घटायें घिर गयी, सावन बन।
घनघोर अमावस छिप गयी, प्रस्थान बन।।२।।
शूलों के घर में खिल गये, आनंद बन।
निरा–मृत कूलों को मिल गये, प्रसाद बन।।३।।
घोर अंधकार में दीपक, जला गया।
पतझड़ और सावन का, उर मिला गया।।४।।
पूर्ण मरु हृदय भी भर गये, अतीत बन।
निर्जीव डाल–पात हंस पड़े, संगति बन।।५।।
अनायास ही सावन मेघ, बरस गये।
घोर आतप से व्यथित सुमन, बिखर गये।।६।।
अंतिम चाहत भी स्वयं ही, पूर्ण हुई।
अमा की काली रजनी भी, दूर हुई।।७।।
यज्ञ का अंतिम अनुष्ठान भी, पूर हुआ।
जीवन का मिथ्या भ्रम स्वयं ही, चूर हुआ।।८।।
अंतर में प्रभु! शेष उपकार, अंतिम इच्छा।
''जगराम'' जन्म निमेष, सेवा, संकल्प रक्षा।।६।।

इन्हें कैसे दे सकूँगा

इन्हें कैसे दे सकूँगा, क्योंकि साधन बन चुके हैं।
बिना कैसे? जी सकूँगा, क्योंकि श्वासें बन चुके हैं।।१।।
बदले में मांग लो राज्य, भले ही हंस भेंट दूँगा।
प्राण तक की भेंट करने, से नहीं पीछे हटूँगा।।२।।
जीवन की डोर को सहज ही, प्रसन्न हो सौंप दूंगा।
मन में किंचित भी न शोक, बन जल बिन्दु आनंद लूँगा।।३।।
हो गयी इतनी कृपा यदि, बदले में स्वीकार मुझे।
तो अंत क्षण तक आभारी, ऋणी, जले जो दीप बुझे।।४।।
यदि इस संभ्रम निशा में, शशि सुधा की बिन्दु बन गये।
महोदधि की प्रचण्ड लहरों में, पुष्ट पतवार बन गये।।५।।
तो जीवन तरनी भी, बस स्वयं भव पार कर लेगी।
सौगन्ध! उपकार की हृदय में, अखण्ड बाती जलेगी।।६।।
कोटिक तप का सुफल प्राण, सरिस ये अनमोल मोती।
पंथ के अंधकार में बस, ये ही है एक अखण्ड ज्योति।।७।।
किंचित शेष रही साधना, अंतिम आहुति यज्ञ में शेष।
तव कृपा से ही बस संभव, लक्ष्य का आलिंगन विशेष।।८।।
याचना बस न चाह और, तंत्र का बलिदान स्वीकार।
"जगराम" चरणों में स्थान, दो, नाथ! बस यही गुहार।।६।।

मांग लो सर्वस्व अपितु

मांग लो सर्वस्व अपितु, यह असंभव।
पतवार बिना नाव, तट असंभव।।१।।

सनातन प्रवाह की, प्रचण्ड गति लय।
पुरातन प्रभाव की, कृति ज्योतिर्मय।।२।।

सिन्धु का अथाह अंतस्, संयत स्वभाव।
बिन्दु की चाह निरन्तर, अनंत लगाव।।३।।

स्वप्नों का सौंदर्य शुभ्र, अतीव चाह!
कल्पनाओं का ज्वार, अभीष्ट गाह।।४।।

चैतन्य की मर्यादा, अनोखा ढंग।
वैश्विक अनुवाद शुभ, समग्र बज्रांग।।५।।

प्रासाद की जड़ के, पत्थर ये ही।
अनुष्ठान के यज्ञ की, सुगंध ये ही।।६।।

शोणित का संचार, अथक ये ही।
प्राणों का आधार, सुदृढ़ ये ही।।७।।

अभिनव पथ दृढ़ संबल, अंतर प्रबल।
अतुलित सामर्थ्य सबल, मधुर आंचल।।८।।

श्वास के विराम में, भोर असंभव।
प्राण के प्रयाण में, छोर असंभव।।६।।

नाथ! भिक्षा मांगता, बस प्राण की।
कृपा ! पूर्ण कर इच्छा, ''जगराम'' की।।१०।।

इनके बिना तो एक पल

इनके बिना तो एक पल भी, जीना कठिन है।
और शांति से मरना भी, अत्यंत कठिन है।।१।।

नीर बिना बदली निरा, जैसे हो अभागिनि।
मधु बिना रजनी व्याकुल, मानो हो उन्मादिनि।।२।।

लहरों से ही उदधि का, आनंद परिलक्षित।
ज्वार ही नवोत्थान का, अनुष्ठान सोद्भाषित।।३।।

मंद झोंके पवन के, नवस्पंदित आलिंगन।
शीतल मधु सुगंधित स्पर्श, बसंत रसिक अभिनंदन।।४।।

रव–परमशांति आगार, हृदतंत्री को तान।
अविराम गुंजित सिंचित मधु, ध्येयव्रती को गान।।५।।

प्राण बिना जीवन शून्य, तम में दीप आशा।
उद्यम बिना लक्ष्य असंभव, पथ में धीर श्वासा।।६।।

नीर बिना ज्यों तीर पर, मीन का व्रत असंभव।
पुरुषार्थ बिना समर में, समाधान पराभव।।७।।

भिक्षा मनोवांछित मिले, तो ही जीवन सुफल।
"जगराम" तव–शरणागत, अब प्रसीद मात्र हल।।८।।

दबी हुई चिनगारी

दबी हुई चिनगारी, जब लौ बन जाये।
सहसा घोर घटायें, नभ में घिर आये।।१।।
तभी महाभारत का, प्रलयी आमंत्रण।
महाविनाश एकमात्र, सभी का अडिग प्रण।।२।।
एक दूसरे के रुधिर, के लिए अतीव व्यग्र।
प्रचण्ड प्रतिशोध अग्नि में, मानो राख समग्र।।३।।
शोणित की वैतरणी, बनकर बह निकली।
घोर प्रलय के कारण, चकित अमा बदली।।४।।
महास्वार्थ के कारण, ऐसा समर हुआ।
स्वर्ग सा वैभव क्षण में, निरा खंडहर हुआ।।५।।
पूर्ण अवसान पश्चात, शेष बस चीत्कार।
अंबर तक अंबार शवों का, विजय उपहार।।६।।
नव सृजन हेतु यज्ञ की, अत्यंत आवश्यकता।
तदुपरान्त नवोत्थान, ''जगराम'' संभवता।।७।।

इनके बदले में सब

इनके बदले में सब, कुछ दे सकता हूँ।
पर इनके बिन कैसे, पल जी सकता हूँ।।१।।

क्योंकि स्वप्नों का पावन, स्वर्गानंद बन गये।
नवस्तुति का आह्लादित, उपहार बन गये।।
अपलक निमेष भर से, अंत कर सकता हूँ।।२।।

कांटों के मुख पर जो, क्षितिज प्रसून खिला।
आहों के पथ पर जो, मुक्ति का साथ मिला।।
किंचित विमुख पथ से, क्षण झड़ सकता हूँ।।३।।

घोर जप तप का अक्षय, नव दीप जल उठा।
कोटि प्रयासों का शुभ, नव सुमन खिल उठा।।
अंतर अवसान पुल से, मृत पड़ सकता हूँ।।४।।

प्रसूनों का त्योहार, ईर्ष्या का कारण।
सुधा की मुक्त बौछार, विनाश आमंत्रण।।
सावन पर पतझड़ मृत, सा जल सकता हूँ।।५।।

अब तो पल भर जीना, अति दुष्कर हो गया।
सर्वस्व लुटाकर जीवन, बलहीन हो गया।।
''जगराम'' स्मरण से ही, अब रह सकता हूँ।।६।।

कलंक न लगने पाये

कलंक न लगने पाये, मंत्र यही बस एक।
संकल्प न रहने पाये, पंथ यही बस एक।।१।।
अतीत के अमिय स्मरण, को साथ न रखना।
स्वप्नों के आलिंगन पर, पुनः हाथ न धरना।।
शेष न रहने पाये, मीत विमुक्त विवेक।।२।।
गत खंडहरों को लांघ, चलो निर्विघ्न पंथ पर।
संबंधो की डोर तोड़, डटो अखण्ड व्रत पर।।
किंचित न रहने पाये, कंटक पथ अभिषेक।।३।।
कांटों पर चलकर ही, दिव्य लक्ष्य हो सम्भव।
बस पंथ प्रीति से ही, गंगा का हो उद्भव।।
भेंट न रहने पाये अंतर में अतिरेक।।४।।
अनुगमन मंत्र का सतत, मुक्त परछाई सा।
आचरण सत्य का अवश्य, नव किलकारी सा।।
वंचित न रहने पाये, पूर्ण मुक्तस्मित टेक।।५।।
अंतः के त्रय ताप मिटे, मधु लेप लगाना।
समरस सौहार्द्र बढ़े, नव दीप जलाना।।
सर्वत्र सुगंध भर जाये, ''जगराम'' अभिप्रेत।।६।।

निश्चित हो आरम्भ

निश्चित हो आरम्भ, अब दिव्य यज्ञ।
अभिमंत्र आमंत्रण, आहुति हव्य।।१।।

अखण्ड प्रवाह को, अवरोध न।
अविच्छिन्न उछाह को, अवरोह न।।
भवितव्य हित निर्माण, को अंक नव।।२।।

अभिनव प्रयास का, मधु स्वागत।
पुनरुत्थान की लौ, प्रचण्ड सतत।।
हव्य बन निज समर्पण, आकण्ठ भव।।३।।

ज्वाल में सुमन छवि, समरस नित्य।
अंतर में समभाव, निष्काम सत्य।।
किंचित न अभिलाषा, लघु मधुरव।।४।।

आकण्ठ तक पूर्ण, विलय चाह।
अवशेष का शेष, न संग छांह।।
निर्लिप्त विसर्जन दीप, रिक्त अनुभव।।५।।

ध्येय साधना का, ज्वार अंतर।
सर्वस्व होम सुनिश्चित, अमिय सत्वर।।
''जगराम'' परिणाम, प्राण उत्सव।।६।।

काल से भी न डरूंगा

काल से भी न डरूंगा, क्योंकि संकल्प कर चुका हूँ।
समर अंतिम तक लड़ूंगा, क्योंकि शस्त्र उठा चुका हूँ।।१।।

स्वयं ही भार कंधों पर, पूर्ण रक्षा का लिया है।
और स्वयं ही आगे बढ़, आश्वासन भी दिया है।।
अब व्रत पालन करूंगा, क्योकि वचन दे चुका हूँ।।२।।

बलिदान से भी बढ़कर, वचन कुल रीति हमारी।
सर्वस्व परित्याग सनातन, उज्ज्वल धर्मनीति हमारी,
वचन दे, अब न हटूँगा, क्योंकि मंत्र पढ़ चुका हूँ।।३।।

जो भी हो अब भविष्य में, कर्त्तव्य ही साक्षी होगा।
पराक्रम की गाथायें, स्वयं कर्त्तव्य ही लिखेगा।।
कदम न पीछे धरूँगा, क्योंकि बहुत बढ़ चुका हूँ।।४।।

अब समर ही स्वयं पूर्ण, ठिठक कर परिचय देगा।
दृढ़ भक्ति पूर्ण समर्पण का, यशोमय गान करेगा।।
सर्वोच्च गिरि शिखर चढ़ूँगा, क्योंकि कमर कस चुका हूँ।।५।।

सुफल तक ताण्डव सुनिश्चत, अखण्ड ध्रुव की प्रतिज्ञा।
''जगराम'' पूर्णाहुति तक, बस जीवन की प्रतीक्षा।।
अखण्ड जलता रहूँगा, क्योंकि दीप बन चुका हूँ।।६।।

ये खंडहर स्वयं ही

ये खंडहर स्वयं ही, सशक्त प्रमाण हैं।
इतिहास के स्वर्णिम पृष्ठ, अतीत प्राण हैं।।१।।
　　　　मूक होकर भी सतत, मृदु वाचाल हैं।
　　　　पंगु होकर भी सशक्त, दृढ़ आधार हैं।।२।।
पतझड़ी श्रृंगार को, अब धारण किया।
पश्चाताप के घूंघट से, मुख ढक लिया।।३।।
　　　　पाषाण की शिला सा, परिधान पहना।
　　　　लाज की ओट का व्रत, मृतप्राय रहना।।४।।
संताप की चादर को, तान कर सोया।
मानो स्वयं श्मसान भी, दुर्गति लख रोया।।५।।
　　　　शोक के साम्राज्य का, भव्य ताण्डव नर्तन।
　　　　असमय ही बसंत में, पतझड़ का दर्शन।।६।।
प्रचण्ड पावक की राख, में दबे कण हैं।
चिर पावन अतीत के, अभागे क्षण हैं।।७।।
　　　　सनातन संस्कृति के दृढ़, आधार स्तंभ।
　　　　सृष्टि के बीज मंत्र का, निश्चय आरम्भ है।।८।।
रवि तेज प्रकृति स्वभाव, परिवर्तन तंत्र है।
जीव ब्रह्म एकत्व सुबोध, एकमेव मंत्र है।।९।।
　　　　बुझकर भी दीप दीप, का सुप्रमाण है।
　　　　शाश्वत धर्म दिव्य प्रकाश, जगत विधान है।।१०।।
स्पर्श मात्र से चेतना का, संचार निश्चय।
''जगराम'' शिला का पुनः, पुनर्जीवन अक्षय।।११।।

पुनर्ग्रहण न लगने दूंगा

पुनर्ग्रहण न लगने दूंगा, धवल पूर्णिमा के मुख पर।
अब शेष न रहने दूंगा, पापी कोई वसुधा पर।।१।।

पूर्ण पाप का अंत और, पापी को कठोर दण्ड।
क्रूर अंधकार को रौंद, शुभागमन दिनकर प्रचण्ड।।२।।

सर्वत्र ब्रह्मास्त्र सा दिव्य तेज, भयाक्रांत असुरों के दल।
छांव तक को न ठांव शेष, विस्फारित सब मिथ्या संबल।।३।।

अवशेष मात्र धैर्य शरण, दम्भी पौरुष भय बाहें
सन्मुख में महाचकाचौंध, अंतर की भयंकपित आहें।।४।।

क्षण भर में बन गया विजन, दम्भ धरा रह गया।
बिनु बसंत के खिला सुमन, बिनु पतझड़ के सूख गया।।५।।

लघु प्रहार पर्याप्त भस्महित, क्षणभंगुर अट्टहास प्रहर।
समुच्छेदन संकल्प सुनिश्चित, भोर प्रलय सा प्रत्यक्ष कहर।।६।।

अब पूर्व में उगा पतंग, न ऊषा का उजड़े धाम।
वेद मंत्रों की ध्वनि गूंजे, कटिबद्ध द्वार स्वयं "जगराम"।।७।।

निर्दोषी को सिंहासन

निर्दोषी को सिंहासन, दोषी को मृत्युदण्ड।
नव प्रभात का शुभागमन, घोर तिमिर खंड खंड।।१।।
अत्याचार की आंधी से, सब तरु उखड़ गये।
प्रचण्ड प्रलय झोंकों से, असमय उजड़ गये।।२।।
निरीह जीवन जीने को, बरबस बाध्य किया।
दुर्भाग्यपूर्ण संकटों का, छत्र सिर बांध दिया।।३।।
स्वप्नों का संसार नीर सा, क्षण में बिखर गया।
जो कल तक भार बड़ा अडिग, अद्य महि पसर गया।।४।।
भावी दीर्घ प्रतीक्षा में, उर अब तक स्वांसा।
घोर निराशा के पथ में, घन मध्य द्युति आशा।।५।।
साकार स्वप्न होंगे अवश्य, उर दृढ़ अभिलाषा।
जीवन की मधु चाहत में, पुष्प स्वयं परिभाषा।।६।।
अंतर की आहट ने फिर, आकर झकझोरा।
पंथ स्वयं आकर सन्मुख अब, मंगल हो सबेरा।।७।।
निज जीवन का सर्वस्व भेंट, करने की बारी।
''जगराम'' जय अभियान, हित द्युति तैयारी।।८।।

पर नारी को भी

पर नारी को भी, सदा माता कहा।
सनातन से यही, पवित्र नाता रहा।।१।।
पर न कुदृष्टि, जीवन का आचरण बनी।
सबमें राम और, सीता रूप सनी।।२।।
मर्यादा एकमेव, चिर नींव आधार।
समता ममता मंत्र, साधना नव हार।।३।।
निरा परम्परागत, पथ का अनुगामी।
चरणों की रज का, सदा रहा स्वामी।।४।।
सर्वस्व लुटा पाला, सारा जड़ चेतन।
स्वयं ही डोर थमा, अविलंब अनिकेतन।।५।।
भिक्षुक बन गया स्वयं, संस्कारों के वश।
पर न कुपंथ अवलंब, रहा अंतः परिवेश।।६।।
कंटक पथ चलकर, व्रत–मान बढ़ाया।
बाती सा जलकर, सब भेंट चढ़ाया।।७।।
पुरखों की थाती, का मान रखूँगा।
''जगराम'' का संकल्प, पूर्ण ही करूंगा।।८।।

समय मूल्य जो न

समय मूल्य जो, न पहिचाने।
तत्क्षण शेष रहे, न ठिकाने।।१।।

सौभाग्य स्वयं ही, रुके जब।
साधना स्वयं व्यर्थ, होती तब।।२।।

स्वर्ग स्वयं घोर, नर्क बन जाता।
सहसा ज्वार, सिंधु चढ़ जाता।।३।।

असमय प्रलय घन, छा जायें।
कालकूट अवनि, भर जाये।।४।।

विनाश की बजे, जयदुंदुंभी।
दीप बुझ जाये, तत्क्षण सभी।।५।।

जागकर भी जो, सोया हो।
समझो भाग्य स्वयं, रोया हो।।६।।

भोर हुए पर भी, न उठे जो।
मृतक सदृश उसे, यह समझो।।७।।

लक्ष्य सामने, फिर भी अंधा।
ध्येय पतित को, न मिले कंधा।।८।।

कोटिक पुण्य सुफल, यह जीवन।
व्यर्थ न बीते यह, मधुसावन।।९।।

ध्येय पथ में यह, जले दीप।
''जगराम'' धन्य हो, स्वांति सीप।।१०।।

रवि के सन्मुख दीपक के

रवि के सन्मुख दीपक के, अहंकार का सिर झुक गया।
क्षणभर में मिथ्या स्वप्नों का, भव्य महल खंडहर बन गया।।
झूठे वैभव के बल पर, पैर पसार निर्भय सोया।
मिथ्या आडंबर के आसन, बैठ, ध्येय पथ को खोया।।
जीवन मिथ्या आकर्षण के, चकाचौंध में भटक गया।
स्वप्नव्रत सुख के लिए भ्रम के, घोर भंवर में अटक गया।।
भाग्य से मिली थी कल की, सानंद खिलने की बारी।
निशीथ के सुमन बिछौने पर, बीती स्वांसें सारी।।
पावन सुगंध से अवनि की, गंध–हरण का व्यर्थ प्रलाप।
बुझा दीप भोर से पूर्व, दंभ सुफल घोर संताप।।
दूसरों के अस्थि रुधिर से, जय तान वितान बनाया।
जन्म सार हो गया असार, अंतिम ठौर नहीं बनाया।।
सर्वस्व लुटा पड़ा समर में, अब गंतव्य समझ में आया।
विलंब हुआ शेष न अवसर, ''जगराम'' शरण में आया।।

सजल वसंत के मधु झोंके से

सजल वसंत के मधु झोंके से
पतझड़ में भी सुमन खिल गये।
सावन की रिम–झिम फुहार से,
निश्चेत ह्रदय चैतन्य हो गये।।१।।

विदीर्ण ह्रदय अमृत से सरित,
निष्प्रायी वेदना भी साश्चर्य।
सुप्त संभावना स्वमेव अकल्पित,
परिणाम स्वयं सहसा साहचर्य।।२।।

पुनर्संचार से संवेदित स्वर,
सराबोर आनंद से आँचल।
आह्लादित स्पंदित क्लांत गात,
संकर्षण से जैसे नम बादल।।३।।

स्पर्शमात्र से बेसुध अन्तर्पथ,
स्वप्नों का अंबार अंबर तक।
कल्पनाओं का लक्ष्य क्षितिज पर्यन्त,
अकथनीय आलिंगन प्रलय तक।।४।।

सुफल मनोरथ अविरत उछाह,
कल्पद्रुम अवलंब, अत्यंत सुखद।
अचंभित पथ, आदर्श विस्फारित,
सूक्ष्म निरा शून्य संभ्रमित कुमुद।।५।।

तमस क्लांत सा नव आहर से।
चीर तीर आगमन सुशोभित।
स्वर्णिम प्रभात का शुभ आलोक,
''जगराम'' स्वमेव स्वप्न अपेक्षित।।६।।

दो छोरों का मिलन

दो छोरों का मिलन सुधामय,
मधु आलिंगन की आश सुनिश्चित।
नवप्रभात की पुलकित आहर,
अंधकार को घोर प्रायश्चित।।१।।

ऊषा का मधु कल कल निनाद,
अंतर का संवेग अलौकिक।
विस्फारित नयनों के सजल स्वप्न,
अपरा का संस्पर्श पथ मौलिक।।२।।

नव जागरण का मधुर कलरव,
पुनः स्पंदित जीवन का उपवन।
सुदृढ़ स्थापित अनुभूत प्रतिष्ठा,
सुभग प्राकट्य शुभ संसिद्धि हवन।।३।।

साकार स्वप्न अनुभूति प्रचण्ड,
सुरचनामयी सुप्रीति प्रतीत।
सावन का सौभाग्य सुगंधित,
किंचित उन्मेष पंथ शून्य समीत।।४।।

चीर घोरतम का अंतर तम,
नवोत्थान का संघोष प्रचण्ड।
नवयुग का अवतार अनोखा,
"जगराम" का यशोगान अखण्ड।।५।।

सहसा घिर आई बदली

सहसा घिर आई बदली, आलिंगन को दौड़ पड़ी।
महाज्वार सा प्रबल वेग, परन्तु शिव सन्मुख विवश खड़ी।।१।।
स्वप्नों का संवेग निरन्तर, पर आश की पूर्ति असंभव।
मध्यस्थ मृत्यु प्राचीर अभेद्य, विजयी अनुभूति पराभव।।२।।
कंटकपंथ के संतापों में, भी अविचल देदीव्यमान।
प्रतीक्षा में अखण्ड प्रवाह, निरा न अनुभव गहन घाव।।३।।
अब तक जीवन का कारण, केवल शेष मिलन आशा।
बूंद बूंद से सींच सींच, बचा पायी अंतिम स्वांसा।।४।।
अब न धैर्य क्षणभर को है, बस हो शीघ्र दीप प्रज्ज्वलन।
घोर तिमिर की कारा में ही, शेष न रह जाये प्रण।।५।।
दृग पथराये निरख पंथ, निरा शिला सी मूर्ति गात।
स्वांस के स्वर शेष ब्रह्म में, "जगराम" विनय एक और प्रात।।६।।

अहंकार का शीश झुक गया

अहंकार का शीश झुक गया,
पराजित हुई दंभ की गर्जन।
सपने सभी धरे रह गये,
काम नहीं आये आकर्षण।।१।।

मिथ्या पथ के अवलंबन के,–
कारण ही यह दुर्गति पायी।
अनायास ही पूर्णिम विभा,–
के घर अमावस घिर आयी।।२।।

दिग्विजय प्रतीक जो स्वर्ण महल,
आँखों के सन्मुख अवनि गिरा।
कोटि प्रयत्नों का प्रतिफल क्षण,–
भर में ही भस्मीभूत निरा।।३।।

सुखसाये में कोटिक सखा,
मधुपर्यन्त तक पंथ आलिंगन।
बस अंतिम की विकटमार में,
शेष साधन कोई बंधन।।४।।

किस वलय ने दीप बुझाया,
जो पैरों से गया रौंदा।
स्वर्ग उपवन श्मसान बनाया,
खंडहर किया स्वप्न घरौंदा।।५।।

सभी ने विश्वासघात किया,
घोर संकट में हाथ खींचे।
अब विजन पंथ में एकाकी,
''जगराम'' शरण, रूख सींचे।।६।।

काल जिसने बांधा

काल जिसने बांधा, आज स्वयं बंध गया।
पलट गये सब दांव, क्या से क्या हो गया।।१।।
कल तक संकेत मात्र से, धरा कंपती थी।
भय से महासिंधु में, लौ निकल पड़ती थी।।२।।
समर में महाकाल भी, सिर झुकाता था।
हाथ बांध कर सन्मुख, जीवन मांगता था।।३।।
आज्ञा पर प्रकृति रूख, सभी चरण पखारे।
ब्रह्माण्ड के सभी सुख, ओर सदा निहारें।।४।।
जो भय से कंपित थे, सभी काल बन गये।
जो पग की धूल थे, स्वर्णिम भाल बन गये।।५।।
सबने प्रतिशोध की, हंस हंस अग्नि बुझायी।
मिलकर मध्य भंवर में, आज नाव डुबायी।।६।।
जिसने कल निहारा, उसने कल सुधारा।
''जगराम'' ही केवल, अंतिम एक सहारा।।७।।

भोर चाह अधूरी रह गयी

भोर चाह अधूरी रह गयी
जन्मते ही खा गई सांपिनी।
असमय घोर बदली नभ घिरी,
दिवस शेष आ गई यामिनी।।१।।

वर्तमान दम्भ अवरोध पथ का,
क्योंकि भ्रम के जाल में अंधा।
मिथ्या ही पंथ आधार दर्शन,
क्योंकि सावन कृशकाय कंधा।।२।।

प्रारम्भ का यदि किंचित भी शेष,
तो संभावित परिणाम निश्चय।
पुनश्च अवतरण की पुनरावृत्ति,
गंतव्य अनुभूति सुखद आश्रय।।३।।

अतीत स्मृतिपटल भी खंडहर,
अब अवशेष मात्र भी छिन्न भिन्न।
उपवन के कुसमय के कारण,
मीत मधुप हो गये अत्यंत खिन्न।।४।।

मोदमय सन्मार्ग भी पराजित,
छोहमय आंचल निरा मरुस्थल।
क्षोभमय संसिद्धि बिस्फारित अयन,
सुधा स्रोत परिवर्तित विजन स्थल।।५।।

अभी तो संचयी संधान संस्पर्श,
मोममय बंधनों की विवशता।
कल्पना के सिंधु के मध्य तरनी,
निश्चिंत पथिक कारण अमरता।।६।।

निमेष का अंतर बस शेष था,
अद्वितीय जीवन परिवेश था।
साकार होने की घड़ी व्यर्थ,
''जगराम'' ही अंत अवशेष था।।७।।

सब बना बनाया खेल क्षण में

सब बना बनाया खेल, क्षण में मिट गया।
देखते ही भाग्य भानु, सहसा छिप गया।।१।।

आहुति की पराकाष्ठा, अंबर तक अंबार।
साधना का प्रतिष्ठा तक, उद्यमी आधार।।२।।

क्षितिज तक संकल्प का, पथ अविचल प्रवाहित।
शोणित शेष तक उत्कट, चाह भी उत्साहित।।३।।

किंचित शेष विचलन की, लघु कोर असंभव।
संधान के महाज्वार का, विजय पथ उद्भव।।४।।

घोर विजय पंथ का निडर, एकाकी पथिक।
न्यून रेख शिख पर, अनुभूति नम सी अधिक।।५।।

अबंर का वक्ष चीर विजय, उद्घोष दिग्दिगन्तर।
निश्चित को संकोच परिवर्तन, भी अनंतर।।६।।

सुफल तक घोर उद्यम, प्रत्यक्ष अमिय अनुभूति।
''जगराम'' अंतिम सत्य ही, चिरजीवी विभूति।।७।।

भाग्य में मरना लिखा है

भाग्य में मरना लिखा है, व्यर्थ सब पुरुषार्थ उद्यम।
कर्म विष फल बन फला है, निश्चय प्रयत्न गंतव्य दुर्गम।।१।।

श्वेद का भी निष्फल प्रयास, तत्व अभाव में प्रमाण।
अंत तक भी शून्य वेश, प्रवृति समुचित परि़त्राण।।२।।

निवृत्ति का व्रत अंतर आसक्ति, विमुखाजन्य प्रदर्शन।
तिमिर का घोर अवलंबन, मिथ्या का अबाध्य दर्शन।।३।।

सिद्धांत से सुपरिचित अवश्य, गुण–दोष आभास नित्य।
व्यवहार पंथ अनभिज्ञ पथिक, पतन अर्थ एकमेव सत्य।।४।।

साधना पथ नहीं अंतिम, तत्व पथ संबंध अपेक्षित।
समर्पण का संचार अविचल, निमेषी वृत्ति उपेक्षित।।५।।

अपरिवर्तनीय किंचित नहीं, परिवर्तन उद्यम आश्रित।
सुफल आतुर प्रतीक्षा में, वंदन हित पथ प्रवाहित।।६।।

जागने की ही देर बस, स्वमेव विजय रथ उद्यत।
प्रस्थान का ही मात्र अंतर, ''जगराम'' सन्मुख उपस्थित।।७।।

असमय दिनकर डूब गया

असमय दिनकर डूब गया, सुगम पथ अवरुद्ध हो गया।
मुक्त तरनी बीच भंवर में, गंतव्य स्वयं सुदूर हो गया।।१।।

अंधकार के द्युति वलय में, पतवार शेष कर शोभा।
सन्मुख में निःशब्द कोलाहल, विद्यमान मतिमंद अक्षोभा।।२।।

उत्ताल तरंगित आर्तनाद, संभ्रम का घनघोर ताण्डव।
भयकंपित निनाद विदारक, शून्यवत आलिंगित बांधव।।३।।

अवसान का विस्फारित स्वर, ज्वारीय अखंडित प्रहार।
चीत्कार बस शेष उत्तुंग, शून्य अनंत मात्र आधार।।४।।

शेष संसर्ग परिव्याप्त क्षितिज, स्वप्न पूर्णतः विशेष क्लांत।
अंतर–दीप मात्र अवलंबन, विकट पंथ, अपितु संकल्प शांत।।५।।

मिथ्या बंधन से पूर्णतः मुक्ति, जगप्रपंच के प्रति व्रत भंग।
एकाकार पंथ आलोक ''जगराम'' दीप अंतिम सुसंग।।६।।

वचन पालन सच्ची पूजा

वचन पालन सच्ची पूजा, अमिट सनातन परिपाटी।
सार्थकता सन्निहित सात्विक, अक्षय विरासत की थाती।।१।।

कथनी करनी भेद नहीं, चिर संस्कारों का परिणाम।
परम्परागत भक्ति भावन, किंचित चाह नहीं विश्राम।।२।।

पथ पर चलने का गौरव, स्वधर्म की दृढ़ पराकाष्ठा।
अधिष्ठान के हेतु समर्पण, अविच्छिन्न नित नूतन आस्था।।३।।

संकल्प धनी आजीवन भर, दीप शिखा सी निश्छल आशा।
समष्टिभाव पय सराबोर, परहित में नित अंतः स्वांसा।।४।।

मूल्यों के ही लिए आहुति, प्रतिफल की अभिलाष नहीं ।
परिपूर्ण निशंक बटोही, लवलेश भी निराश नहीं।।५।।

गंगासागर में मिलकर, गंगा का जीवन धन्य हुआ।
पुरखों, गुरुओं, स्वजनों का, ''जगराम'' संकल्प पूर्ण हुआ।।६।।

कल तक कंचन का सिहांसन

कल तक कंचन का सिंहासन, दर–दर के आज भिखारी।
कल तक तन पर आभूषण, हाय! आज लाज उधारी।।१।।

समय बड़ा बलवान निश्चय, जिसने भी महिमा जानी।
फल स्वयं बन गया अनुचर, अनुभूति निरा अभिमानी।।२।।

केन्द्र पर अंतर क्षितिज अंत, निश्चय प्रतिफल पंथ कंटक।
आदि अमिय अंत दुखदायी, व्यर्थ प्रयास दुर्गति निष्कंटक।।३।।

रवि मुख दीप अहं मूढ़ता, लक्ष्यहीन अभिप्रेत प्रवाह।
उदय में मिथ्या अस्त स्वभाव, निशि में निमग्न पशुवत उछाह।।४।।

संस्कार और संगति ही, घोर तिमिर में अक्षय ज्योति।
स्वधर्म का अभिनव अधिष्ठान, सात्विक साधना अभिन्न हुति।।५।।

कर्मो का फल पूर्ण सुनिश्चित, चाहे शुभ अशुभ भले ही ।
जीवन धन्य सुमन का स्वमेव, ''जगराम'' अमिय मिलते ही।।६।।

सिंहासन के बदले

सिंहासन के बदले, वनवास मिला।
सुमन स्तुति के बदले, उपहास मिला।।१।।

भाग्य वास्तविक स्रोत, पूर्ण प्रमाणित।
अजस्त्र प्रवाहित भोग, फल अनुप्राणित।।२।।

उद्यम योग संभोग, निश्चय पर खंडित।
तुष्टि क्षणिक किन्तु वियोग, ध्रुव वचन पंडित।।३।।

काल वलय अविराम, सामर्थ्यशाली,
अन्तप्रलय अभिधान, पथ भयकारी।।४।।

मनोरथ का घट रिक्त, व्यर्थ पूर्ण चाह।
कल्पनायें पंगु निसक्त, खिन्न संकल्प आह।।५।।

कल के कारण घोर, सर्वनाश मिला।
मधु के कारण निरा, उपवास मिला।।६।।

ज्ञान भक्ति कर्म संयोग, शाश्वत संरक्षण।
परिवर्तन से मुक्ति तब, ''जगराम'' वरण।।७।।

भाग्य से अधिक

भाग्य से अधिक, न मिलता कभी।
समय के पूर्व, न फलता कभी।।१।।

कर्तव्य परिणाम ही, गंतव्य निश्चय।
स्वधर्म अधिष्ठान ही, वास्तव्य जय।।२।।

फलासक्ति विकट, पंथ अवरोध।
अपेक्षा अंतिम, दुखद प्रतिशोध।।३।।

श्रुतिहीन उद्यम, संताप कारण।
कर्महीन सद्‌गुण, अनिर्णीत मरण।।४।।

विमुखता प्रत्यक्ष से, अंधतम पथ।
सन्मुख आलिंगन, ध्येय सफल व्रत।।५।।

आलस परित्याग, निर्माण संभव।
द्युति गति संधान, अमिय फल उद्‌भव।।६।।

निर्णीत वृत्ति ही, अनुभूति सुखद।
निरासक्ति उद्यम, ''जगराम'' सुहृद।।७।।

यदि हृदय हो शुद्ध

यदि हृदय हो शुद्ध, तो शत्रु न कोई।
यदि संकल्प हो दृढ़, तो भ्रम न कोई।।१।।

यदि गति में ज्वार, तो विजय सुनिश्चित।
यदि कर पतवार, तो क्षय प्रायश्चित।।२।।

सुगंध ही प्रसून, का नव आकर्षण।
अनंत ही व्योम, का अद्भुत प्रदर्शन।।३।।

संस्कारों का फल, सोम सा मीठा।
सत्कर्मों का संग, अंत तक अनूठा।।४।।

बर्ताव की शिक्षा, स्वर में समाहित।
स्वधर्म के पालन, से पथ आनंदित।।५।।

सतत अनुसंधान, सात्विक प्रक्षालन।
अभिनव अधिष्ठान, उत्कट अवलंबन।।६।।

मन–वचन–कर्म– शुद्ध, तो गंतव्य अनुचर।
सन्मार्ग अनुगमन, ''जगराम'' सहचर।।७।।

यदि हो अटल विश्वास

यदि हो अटल विश्वास, तो वन महल जैसा।
यदि हो पूर्ण प्रयास, तो लक्ष्य सुमन जैसा।।१।।

संकल्प ही आधार, गंतव्य तक का प्रथम।
अपितु विश्वास अविचल, शुद्ध मंतव्य अंतरतम।।२।।

ध्येय हित अंतिम ध्यान, शंकित न मन रागिनी।
अनथक समर्पण चिंतन, मिलन–उमंग पावनी।।३।।

उन्मत्त पथिक पंथ का, अंतर–उदधि की चाह।
निरा एकाकी मुदित, घोरतम में न आह।।४।।

अपलक गंतव्य संधान, मोह से सुदूर मन।
केवल तत्व अनुष्ठान, शिला सा अखण्डप्रण।।५।।

गंतव्य तीर न अधीर, धैर्य सुदृढ़ स्थापना।
शंका अवशेष शून्य, अतीव व्यग्र भावना।।६।।

ध्येय में लय जीवन, भेद का किंचित न भय।
अस्तित्व पूर्ण अभिज्ञान, "जगराम" में ही जय।।७।।

शीश पर हो आत्मीयता का हस्त

शीश पर हो आत्मीयता का हस्त,
एक भी परिजन बिछडने न पायें।
संबंधों की डोर इतनी हो मृदुल,
हृदय से सुदूर जाने न पायें।।१।।

कठोर साधना से 'कुल पुष्प' खिला,
प्राणार्पण से ही महादीप जला।
जलाना ही, पुरखों को श्रद्धांजलि,
बस धर्मरक्षक बन, हरना सब बला।।२।।

निर्माण ही केवल संकल्प हो दृढ़,
गिलहरी की लघु आहुति सी उमंग।
जो संभव हो उतना सा अपेक्षित,
महोदधि प्रयास से निरन्तर तरंग।।३।।

विष कूट पीने को शिव सा उद्यत,
सर्वस्व–आहुति तत्व की प्रतिष्ठापना।
निरापद पथ–धूल ही स्वाभिमान,
निरासक्ति की अविचल आराधना।।४।।

सूना अजिर हो सुगंधित, पुष्पों से,
व्यथित हृदय हो संतुष्ट, अमिय रस से।
भेद विसर्जित हो, भोर ज्वार अंतर,
सार्थक ''जगराम'' अनुगमन पथ से।।५।।

वंचितों को कण्ठ हार

वंचितों को कंठहार, नवोत्थान के लिए।
पतितो को उपहार, पुनरुत्थान के लिए।।१।।

अपमान की गर्त में, निरा निःशब्द जीवन।
उपहास की वर्ति में, क्लांत व्यथित भावना।।२।।

घोरतम कारा में, मृतप्राय सा अधिक।
विजन सी धारा में, जर्जर मन सा पथिक।।३।।

ठोकर की चोट खा, शिला सा शून्य मन।
उपेक्षा का विषयी, आत्मग्लानि में धन।।४।।

छांव के प्रयास में, अंतर का विस्मरण।
भोर के अभाव में, तिमिर के पथ चरण।।५।।

नर होकर पशु बंधन, अश्रु मुक्ति की आशा।
थार ह्रदय में गंगा, अंतिम अभिलाषा।।६।।

समत्व का बोध ही, स्वयं ही समाधान।
अपनत्व का सोम ही, ''जगराम'' अधिष्ठान।।७

जीवन यज्ञ के प्रतिफल के लिए

जीवन यज्ञ के प्रतिफल के लिए,
साथ ले सब को चलो पथ पर।
सृजनात्मक मंत्र की सिद्धि के लिए,
आहुति के लिए अविचल व्रत पर।।१।।

स्वयं चलने का अभ्यास जिनका,
संकटों का ग्रास दीप उनका।
संघ के प्रमाण का मंगल फल,
निश्चय हो पूर्ण संकल्प प्रण का।।२।।

शक्तिपुंज स्वयं ही समाधान,
स्वाभिमान का प्रतीक प्रयास।
शाश्वत अभिराम अभिमत सहज,
अभिवादन को अधीर उछ्वास।।३।।

समष्टि का विचार ध्येय अभिनव,
लोक मंगल स्वप्न अंतर प्रवाहित।
वंचित को सिंचित ही एक साधन,
डगर तम को पूर्ण आलोकित।।४।।

सामूहिक प्रयास परिणाम शुभ,
सुरभित वातावरण का स्रोत।
पावन अमिय की उत्पत्ति संभव,
अनुष्ठान से पूर्ण ओत प्रोत।।५।।

शेष प्रेम नर के प्रयास में,
अभीष्ट प्राप्ति में समर्पण पूर्ण।
किंचित न संभ्रम का कुपथ्य प्रभाव,
प्रवाहित स्वयं संजीवन चूर्ण।।६।।

मधु सा परिणाम अभीप्सित व्रत,
अखण्ड साधना से व्रत सुफल।
चरैवेति मंत्र का जय उद्घोष,
''जगराम'' पथानुगमन ही बल।।७।।

सबको खिलाकर

सबको खिलाकर, ही ग्रास लेना।
कंठ से लगाकर, नेह न्याय देना।।१।।
स्वजनों का मेल, ही दिव्य आभास।
सहजतम आनंद, किंचित अल्पवत हास।।२।।
सौभाग्य स्वयं ही, अत्यंत आनंदित।
अभिव्यक्ति अविश्रान्त, मोद आच्छादित।।३।।
स्वयं दीप सा जल, हृदय तम हरना।
घावों से व्यथित, ताप मुक्त करना।।४।।
विरासत का सुख, भाग्य मत समझो।
अधिकार की हठ, मान मत उलझो।।५।।
जो भी मिला है, वह सब पराया।
धन्य वही जिसने, मुक्तहस्त लुटाया।।६।।
शोणित की बूंद, उपकार में हो।
स्वासें ''जगराम'', बलिहार में हों।।७।।

जीवन के कंटक प्रमाण में

जीवन के कंटक प्रमाण में
एक भी शत्रु बढ़ने न पाये।
प्रज्ज्वलित दीप के घर में अब–,
तिमिर कहीं छिपने न पाये।।१।।

पछुआ की विकट अंधड़ में,
लक्ष्य ओझल होने न पाये।
अविराम संकल्प के पथ पर,
पग की गति रुकने न पाये।।२।।

अक्षुण्ण प्रवाह के प्रचण्ड वेग,
का मनोबल उत्तरोत्तर प्रखर।
किंचित संभ्रम की स्मित रेख निष्प्रभ,
अनथक अनुबंध का संबंध प्रवर।।३।।

बाह्य आकर्षण पंथ अवरोध,
मनोयोग से कर्तव्य अपेक्षित।
स्वधर्म का बस चिंतन ही भेषज,
उत्कट आसक्ति ही फल प्रबोधित।।४।।

आत्ममंथन निरन्तर आलोक,
तिमिर से युक्त दुर्गम पथ पर।
प्रबल अवलंब संकट घड़ी में,
घोर दुविधा में स्वयं हठ पर।।५।।

सुदूर की विफलता को तीर,–
के आनंद की उन्मत्तता अधिक।
पलक की देर कण्ठ को आतुर,
ज्वार के उन्माद सा फुल्ल न पथिक।।६।।

आशा–अपेक्षा का मंतव्य तृप्त,
ध्येय में विलय किंचित न शेष।
शूल–सुमन में समत्व भाव व्रत,
''जगराम'' क्षिति के पार विशेष।।

सबके लिए सुधा की

सबके लिए सुधा की, बूंद अपेक्षित।
अभिव्यक्ति की स्वतंत्रता, सन्मार्ग प्रदर्शित।।१।।
अतीत के दोष से, पशुवत स्वरूप।
दीर्घ के प्रभाव से, शिला प्रतिरूप।।२।।
निरा पंक में कंठ तक, कारा सा बंध।
विवशता में अनुबंध, शून्य घोर अंध।।३।।
आत्मबोध ही विलुप्त, स्वत्व भी विस्मरित।
कल्पनाओं से विमुख, जड़ शेष स्फुरित।।४।।
प्रारम्भ का आभास, अतिक्लांत भ्रान्त।
मूक, चक्षु मूंद कर, अयन चिर शांत।।५।।
मूर्तिरूप विद्यमान, जड़ सा विधान।
घोर अंधकार का, विभ्रमित प्रधान।।६।।
समरूप स्वानुशरण, स्पर्श में जीवन।
स्नेहिल स्वर उच्चारण, ''जगराम'' शरण।।७।।

परिजनों को मोक्ष

परिजनों को मोक्ष, का द्वार समझो।
बंधनों को अंतिम, उपहार समझो।।१।।

आदि से अंत तक, का एक सहारा।
सुख–दुख अवस्था में, सुखद किनारा।।२।।

आज की सफलता, के पीछे हुति।
भाग्य परिणाम की, नींव में समर्पित।।३।।

अंतर–बाह्य प्रभाव, में तेजस्वी यज्ञ।
आकर्षण का प्राण, तदपि अखण्ड हव्य।।४।।

निर्माण में संचार, की नित्य भूमिका।
प्रयास में उत्थान, की कंठ–मालिका।।५।।

विजन में स्वजन रस, दीप में आकण्ठ।
सुदूर तक आंचल, योगदान अनंत।।६।।

परहित में आहुति, संपूज्य प्रयास।
कृतज्ञ स्वभाव स्वयं, ''जगराम'' दास।।७।।